AF586296

UN COMIENZO SIN FINAL

Felipe Londoño

UN COMIENZO SIN FINAL

Relatos de un joven latino descubriendo al espíritu de Dios

EDITORIAL
LETRA MINÚSCULA

Primera edición: agosto de 2022
ISBN: 978-84-19470-17-1

www.aliveministry.net
Editado por Editorial Letra Minúscula
www.letraminuscula.com
contacto@letraminuscula.com

Todas las referencias bíblicas han sido extraídas de la traducción *Nueva versión internacional NVI 1999*.

Con la mirada puesta en el futuro, dedico este libro a mis hijos, quienes han sido la inspiración para escribirlo. Espero sea para ellos un puente, una ventana, una guía, una puerta que les dé la oportunidad de descubrir quién es la persona de Jesús en sus vidas.

Mis pequeños, quizás Dios sí es algo gordito y tiene brazos muy largos.

Índice

Iniciemos 11

1 Encontrando el camino 13
El camino 19
La verdad 27
La vida 35

2 Tomando una importante decisión 41
Ser discípulo 42
La guía 50

3 La riqueza en mis manos 53
Restauración 54
Las naciones 60
La familia 63
El éxito 67

4 Experimentando un poder fuera de este mundo 75
El poder 76
Recibir 81
Sobrenatural 86
El espíritu 92

5 Mi entendimiento de un reino superior 99
El reino 100
Liberación 106
Aquí y ahora 111

6 Aprendiendo de los tiempos difíciles 117
Tempestad 121
Caer 128

7 Buscando vivir en abundancia ... 133
Ministerio ... 136
Provisión ... 144
El presente ... 150

8 Aprendiendo, simplemente, a disfrutar ... 155
Soñar ... 160

Hasta la próxima ... 165

INICIEMOS

Las experiencias dan una riqueza enorme al crecimiento espiritual y a la madurez de una persona, pero las experiencias son, sin lugar a dudas, individuales y personales. Es decir, cada uno de nosotros aprende de ellas de formas distintas.

En la vida cristiana nunca deben ser las experiencias la base de nuestra fe. Por lo tanto, este libro no intenta decirte que mis experiencias son la forma única o correcta de cómo aplicar los conceptos bíblicos en la vida de las personas. La base de nuestra fe debe ser la palabra de Dios y nuestra relación personal con Él. Su palabra es nuestra fuente, por medio de ella y de tu obediencia a su palabra nacen las experiencias y las historias con Dios.

Este libro está compuesto por diferentes elementos, tales como testimonios, relatos, enseñanzas, historias, opiniones, entre otras cosas. Todos estos elementos hacen parte de mi vida y construyen la forma en cómo yo vivo la fe en Dios. El motivo por el cual existe este libro es para inspirar o animar a otros a tener su propia experiencia con Él e ir más allá de sus límites en su relación con Dios.

Este no es un libro académico, científico o teológico; es un libro simple y sincero, el cual expone mi corazón y desde esa perspectiva intenta comunicar un mensaje. Sin más palabras por escribir, empecemos.

1
ENCONTRANDO EL CAMINO

Hola, hijo. Déjeme contarle cómo usted encontró el camino para nacer: Resulta que yo llevaba algunos días con síntomas de mareo, vómito, cansancio, entre otros, así que me realicé un examen de sangre, el cual confirmó mi sospecha: estaba embarazada. Como es de costumbre, llamé al centro de salud para inscribirme y asistir a los controles de natalidad. En la primera cita de estos controles, es decir, después de algunos días después de darme cuenta de que estaba embarazada, me encontraba en la sala de espera del centro de salud cuando de repente empecé a sangrar y a sentir un dolor incómodo en el abdomen. Una enfermera se me acercó y tuvo que llevarme en una silla de ruedas hasta el otro lado del edificio donde se encontraba la sección de urgencias. Allí me realizaron nuevamente un examen de embarazo, el cual salió negativo, el sangrado había parado y después de un par de horas un médico se acercó a mí para decirme que pronto me realizarían un legrado uterino para limpiar el vientre.

Me quedé sorprendida por el tipo de intervención médica que iban a realizarme, pues yo sentía que estaba embarazada y era confuso para mí el tener un resultado negativo en la prueba de embarazo, pues días atrás había tenido una prueba de embarazo con el resultado opuesto. Miré al médico y le dije: «Lo siento mucho, pero no deseo hacerme el legrado. Yo estoy embarazada, me niego a pasar por esta cirugía, pues esta intervención médica, en caso de sí estar embarazada, sería un aborto clínico. Por favor, realicen otra prueba o una ecografía que demuestre que realmente no estoy embarazada». Esa fue mi respuesta. Pues tenía una convicción profunda en mi corazón de que había vida dentro de mi vientre, el embrión no estaba muerto.

El médico, por su parte, se molestó y manifestó que dentro de mi vientre no había vida; por causa del sangrado era muy probable que el embrión estuviera muerto y que nunca llegara a formarse, y por este motivo era urgente realizar un legrado uterino, ya que según el médico dejar el posible embrión muerto dentro del cuerpo podía causar graves consecuencias de salud. Estuve discutiendo por varios minutos con el médico. Él, sencillamente, veía con disgusto y enojo mi desacuerdo. Cómo era posible que una paciente pusiera en tela de juicio las decisiones médicas. Después de un tiempo de tensión entre lo que el médico y su equipo de trabajo decían y la opinión mía como paciente, logré llegar a un acuerdo con el médico, para que me realizaran una ecografía antes de hacerme un legrado uterino. Después de algunas esperas fui con el radiólogo para realizar la ecografía. Para mi sorpresa, el radiólogo llegó a la misma conclusión que el médico anterior: no estaba embarazada según la ecografía. «Disculpe, señora, pero la verdad no veo nada en la ecografía», me dijo el radiólogo. Mi respuesta fue: «Por favor, mire de nuevo, busque; yo creo estar embarazada, no hay nada muerto en mí. Por favor, tome algunos minutos más en la ecografía y siga buscando», fueron mis palabras.

Después de un largo tiempo acostada en la cama y el radiólogo realizando su intensa búsqueda con los aparatos, dijo lo siguiente: «¡Lo encontré! —exclamó en voz alta y con un rostro de alegría y alivio—. Disculpe, señora, usted tenía razón. Usted SÍ está embarazada. El problema es que el embrión está teniendo dificultades para encontrar el camino hacia la matriz —explicaba el radiólogo—. En cualquier momento podría haber un aborto natural. Es necesario permanecer en el hospital, además, tendrá que estar acostada de lado, no realizar ningún tipo de fuerza o actividad física.

El embrión deberá encontrar por sí mismo el camino a la matriz».

Durante los nueve meses de mi embarazo tuve que estar en más de una ocasión hospitalizada y bajo cuidados médicos, ya que el riesgo de perder al bebé era alto. Pero, gracias a Dios, al final de todas las adversidades, pudiste nacer, Felipe. De verdad que eres un milagro, un milagro de Dios.

Esta es la historia que mi madre siempre me ha contado cuando hemos tenido esos tiempos en familia y comenzamos a recordar los sucesos de nuestras vidas, tomándonos un té, sentados en la mesa o en el sofá.

Estoy profundamente agradecido con Dios y con mi madre, quien no escuchó la opinión de los médicos en primera instancia, pues por poco yo no hubiera existido en esta tierra. Hubiera sido una lástima, pues me hubiera perdido de tantas cosas que disfruto hacer, por ejemplo: escuchar música con alto volumen y cantar junto a mis hijos, tocar mi guitarra, ver mis películas o series favoritas, viajar, conocer nuevas personas, tomarme un delicioso jugo de maracuyá, pero sobre todas las cosas comer, me encanta comer. Creo que comer es una de las cosas que los seres humanos más disfrutamos. Saben, creo que son pocos quienes pueden negar que al comer obtenemos cierta satisfacción.

El cuerpo físico necesita alimento para obtener nutrientes, continuar funcionando y no morir. Pero este libro no trata acerca de comida o de embarazos. Este libro es sobre un alimento diferente, sobre iniciar y llevar una vida nueva en Jesús.

Hay algo más que nos alimenta, nos da energía y fuerza, nos da la paz que sobrepasa todo entendimiento y una satisfacción que nada ni nadie en este mundo puede darnos, ni siquiera la comida misma. Ese «algo» es la profunda intimidad y relación que tenemos cada uno individualmente con nuestro padre Jehová, Jesús y el Espíritu Santo. Intimidad que debemos cultivar durante nuestra vida como creyentes. Es una cuestión personal construir esa relación íntima con Dios. Por supuesto, existen amigos y hermanos en la fe que, sin importar las circunstancias, nos ayudan a crecer, nos motivan y animan a buscar más de Jesús en cada momento de nuestras vidas.

Tal como cuidamos nuestro cuerpo, evitando el consumo de alimentos que afecten de manera negativa nuestra salud, como el azúcar o comidas procesadas, con el mismo objetivo debemos prestar atención sobre qué tipo de alimento está consumiendo nuestro espíritu.

El alimento que Jesús nos entrega tiene el poder de darnos vida, aunque estemos muertos o desamparados; tiene la capacidad única de devolvernos nuestra identidad y regresarnos al diseño original (quiénes somos y cuál es nuestro propósito en la vida).

Solo el alimento que Jesús nos brinda permite entrar a una dimensión que, a pesar de que muchos no la comprendan y la crean sin sentido, es una dimensión sobrenatural, donde conoces el verdadero significado del amor y puedes vivir en verdadera libertad.

«Yo soy el pan de vida —declaró Jesús—. El que a mí viene nunca pasará hambre, y el que en mí cree nunca más volverá a tener sed». Juan 6:35.

Jesús da un ejemplo muy claro al decir que Él ES pan de vida, Él no da el pan de vida. Él es la fuente de vida y al acercarnos de una manera más profunda tenemos la oportunidad de alimentarnos de Él, pero para eso primero debemos reconocer que tenemos «hambre». Sin hambre no vamos a buscar el pan para comer, pero si lo hacemos nos alimentaremos de la vida misma que es Jesús.

Comer el pan es un gesto simbólico de cómo Jesús se entregó y murió en la cruz por nosotros. Además, nos enseña que toda aquella palabra que sale de la boca de Dios es un río de vida eterna para nosotros. Es decir, si no escuchamos lo que Dios nos dice diariamente, moriremos de hambre y de sed, porque su palabra es como un río que da vida al alma y al espíritu; leer su palabra, meditar en ella, ponerla en práctica, orar y escuchar su voz por medio del espíritu es la base de nuestra vida. De lo contrario, estaremos vivos en lo físico, pero muertos en el espíritu. Sin duda alguna, todas estas disciplinas espirituales son importantes en nuestra vida como creyentes y debemos entrenarnos en ellas, debemos ser intencionales por medio de nuestra oración, ayuno, adoración, estudio de la Biblia e intercesión. Por otro lado, estas disciplinas espirituales no deben convertirse en una regla o ley. Debemos aprender a disfrutar la práctica de las disciplinas espirituales y no caer en el legalismo, puesto que la gracia de Dios debe ser mi alegría para acercarme a Él. Es decir, el resultado de la gracia en mi vida me lleva a querer orar, leer la Biblia, entre otras cosas.

Jesús es quien nos conecta con la persona de Dios.

Su muerte y resurrección ha creado un puente entre el cielo y la tierra. Eso nos permite a través de Él tener acceso al cielo y así manifestarlo en lo terrenal. Tal como en su palabra:

«Yo soy el camino, la verdad y la vida —le contestó Jesús. Nadie llega al Padre sino por mí». Juan 14:6.

Nos es importante entender hoy en día que es necesario llegar al Padre y que solo por medio de Jesús tenemos acceso a nuestro Padre. Todos los que aceptamos a Jesús nos convertimos en hijos del Padre de los Cielos. Hemos sido adoptados por medio del sacrificio de Jesús y todo hijo necesita, en lo profundo de su alma, espíritu y cuerpo, una relación con su padre; es una parte fundamental y esencial para el ser humano conectarse con su creador. Permítanme contarles cómo fue encontrarme con el camino, la verdad y la vida. Cómo a través de Jesús yo llegué a conocer a mi Padre.

EL CAMINO

Recuerdo con enorme alegría la primera vez que puse un pie en el camino de Jesús: una tarde mi mamá insistió por enésima vez en que la acompañara a un grupo, al cual ella asistió durante algunos meses.

—Felipe, hoy es el día. Vamos al grupo después de la cena.

—No, mamá, me resulta aburrido ese grupo. ¿Qué hacen? ¿Para qué se reúnen?

Entonces mi madre me explicó nuevamente que se trataba de un grupo de estudio bíblico para lograr construir una relación con Dios y orar unos por otros. En ese momento, no sé por qué razón, me entró un gran interés en asistir (un llamado del hambre espiritual tal vez). La invitación e insistencia de ella durante varias semanas, y por supuesto sus oraciones para que Dios tocara mi vida, fueron efectivas ese día.

«Mamá esta vez SÍ, quiero ir, tengo curiosidad por ese grupo», fue mi respuesta. Ella con total calma, sin mostrar gran emoción (pero seguramente guardando su reacción de alegría), me respondió que saldríamos luego de la cena, tal como me había indicado antes. Y así salimos hacia la reunión. Caminamos en dirección a un apartamento situado a unos quince minutos de nuestra casa, donde se reunían en promedio de doce a quince personas. Recuerdo que, al ingresar, la sala del apartamento estaba organizada como un salón de conferencias, sillas distribuidas y un pequeño púlpito frente a ellas.

No recuerdo cómo comenzó esa reunión, pero sí que al final tuvimos un momento para orar, donde las personas se pusieron de pie y cerraron los ojos. En realidad, yo no sabía bien qué hacer, así que solo seguí a los demás.

Me puse en pie y me quedé en silencio porque no tenía idea de cómo orar, aunque debo confesar que ni siquiera estaba seguro de si creía en Dios o en algo parecido. No sabía absolutamente nada acerca de Jesús o de la Biblia, para mí todo era muy nuevo y estaba escéptico al tema. Pero en un instante escuchaba solo la voz firme de una mujer que dirigía la oración y sentí un hormigueo en mi estómago, parecido a «mariposas en el vientre». Esa sensación subió al pecho, acompañada de un calor cómodo y acogedor. Mis manos sudaban y en el instante comencé a llorar sin poder detenerme, pero no era un llanto de angustia, sino de paz en mi corazón.

Mis emociones comenzaron a elevarse de una manera que jamás había experimentado antes y fue en ese momento cuando una imagen vino a mi mente: Jesús caminando hacia mí. «Señor Jesús, ven a nosotros, toca nuestras vidas», oraba quien estaba dirigiendo la reunión: «Sí, Señor, ven hacia mí, por favor, toca mi vida», fueron mis palabras.

Entonces un recuerdo inundó mi mente, un evento que había vivido unos meses atrás: estaba casi dormido en mi cama, la puerta de mi habitación estaba entreabierta y se lograba ver un hilo de luz proveniente del dormitorio de mi madre. Con los ojos casi cerrados de sueño veo que entra un hombre, pero estaba tan cansado que no me levanté, simplemente, pensé que era un buen hombre y no tenía motivo para temer. Se acercó a mí, puso su mano sobre mi cabeza y dijo: «Tú eres muy especial, no estás solo». Esa noche dormí profundamente.

Fue realmente sorprendente y único que ese recuerdo regresara a mi justo en ese momento de visita al grupo, en el instante de oración y adoración: entendí que Jesús había visitado mi cuarto. Él estaba desde hacía tiempo invitándome a conocerlo, para tener ese momento con Él y entregarle mi vida. Probé el alimento de Jesús ese mismo día cuando tomé la decisión de decirle SÍ. Y esto que les cuento marcó mi vida para siempre. Jesús me invitó a caminar en sus caminos. Desde aquel entonces, yo le acompaño, caminamos juntos y siempre está enseñándome cosas nuevas.

Nuestra tarea es predicar el Evangelio y traer personas a Jesús. Solo el espíritu de Dios es el que trae convencimiento de pecado y brinda el perdón. Algo que he entendido en mi vida es que nos es necesario buscar la presencia del Espíritu Santo, estar constantemente llenos de Él, porque de esta manera podemos ayudar a otros para que se acerquen al camino de la verdad.

Jesús, aquí en la tierra, vivía lleno del Espíritu Santo en todo momento, en una profunda relación con el Padre, conectado a su corazón, viviendo los deseos del Padre. Jesús vivió para honrar a nuestro Padre, Creador de los Cielos, y esa misma disposición de Él de vivir por la causa del reino de los cielos conmovió el corazón de Dios. Vivir llenos del Espíritu Santo, recibir en todo momento su alimento espiritual es básico y necesario para vivir en plenitud con Dios y, además, ser influyentes en los lugares donde estamos. Y, para lograr esto, debemos tener hambre y sed del Espíritu Santo de Dios, dejar que Él toque nuestras vidas y permitirle ministrar nuestro corazón.

Muchas personas creen en Jesús, pero nunca han recibido ese toque espiritual y poderoso del espíritu de Dios. No basta solo con creer y ser personas moralmente buenas, que por obvias razones nosotros los creyentes debemos vivir de manera constante en una línea moral correcta, pero también debemos buscar la llenura del espíritu de Dios. Nuestro desafío como creyentes consiste en ser personas emocionalmente sanas y, como te he dicho, moralmente correctas, pero sin olvidar el poder de Dios. Con ojos y oídos espirituales movernos en la vida para ver y escuchar lo que otros no: caminar sobre las aguas, desafiar lo imposible y crecer en nuestra fe. Siempre con la noble visión de cumplir la tarea que Jesús antes de ascender a los cielos nos ha encomendado.

Cuando hablamos de la llenura del Espíritu, tenemos como primera imagen en nuestros pensamientos un vaso de agua; en muchas ocasiones, en algunas de mis prédicas, he usado esta imagen para ilustrar lo que *ser llenos del Espíritu* significa, pero con el tiempo me he dado cuenta de que no es una imagen que describe correctamente lo que la Biblia dice sobre este tema. En el idioma griego hay varias palabras diferentes para referirse a la palabra *lleno*.

La palabra que se usa para referirse a la llenura espiritual en la carta de Pablo es *pleroo*. Esta palabra no se refiere a cómo el agua llena un vaso y se queda estática en ella. Esta palabra se refiere a las situaciones donde algo llena otra cosa y crea una dinámica. Por ejemplo, así sucedió en la historia de Marta y María y cómo la última de ellas derramó el perfume y llenó (*pleroo*) toda la casa donde ellos estaban; esto permitió que todos sintieran el aroma del perfume. En la llegada del Espíritu Santo, cuando los apóstoles estaban reunidos esperando la promesa en Jesús, vino un viento fuerte que llenó (*pleroo*) la casa donde ellos estaban, dándoles ánimo y valentía para predicar a Jesús. Ser «lleno» del Espíritu Santo no es contener el Espíritu Santo, como un vaso contiene cierta cantidad de agua. Ser lleno del Espíritu Santo es ser controlado, influenciado, movido, de la misma manera en que el viento mueve o llena las velas de un barco, o un cometa de papel vuela por el mover y llenura del viento sobre sus alas. El vaso puede tener poca agua o mucha agua, pero las velas de un barco o el cometa solamente pueden ser controladas por el viento.

Pablo hace un paralelo entre ser llenos del Espíritu Santo, con la embriaguez del alcohol.

En el mundo pagano, las personas tenían la creencia de que la manera de tener conexión con los dioses, si querías tener comunión con ellos, era a través de desconectar o apagar la consciencia o la mente humana para poder ir más allá y poder tener comunión con los dioses. En la antigua Roma se organizaban fiestas y rituales para poder embriagarse en honor al dios Saturno. En muchas culturas indígenas de Latinoamérica se siguen haciendo estas prácticas y usan diferentes sustancias alucinógenas para desconectarse y comunicarse con sus dioses.

El apóstol Pablo hace una comparación en la carta a los efesios: En el caso del alcohol, es el mismo alcohol que controla lo que el borracho piensa, por eso se le ocurren ideas estúpidas. El alcohol controla lo que el borracho dice, por eso le anda hablando a las exnovias a las tres de la mañana. El alcohol controla lo que el borracho hace, por eso creen que cantan y bailan mejor que todos. Todo lo que una persona ebria hace, dice y piensa está influido por el alcohol en su sangre. Pues de la misma manera debe ser para un cristiano estar embriagado por el Espíritu Santo. La diferencia está en que la conciencia humana aún está presente durante la llenura del Espíritu Santo y el resultado de esta llenura es una vida ordenada en todas las áreas de nuestras vidas.

Una persona llena del Espíritu Santo piensa, habla y actúa controlada por el espíritu de Dios. Eso es ser lleno del

Espíritu. Entonces, no somos vasos que contenemos al Espíritu Santo dentro de nosotros, sino que somos barcos movidos por el Espíritu a favor de su reino. Ser llenos del Espíritu trae una dinámica distinta en nuestra manera de vivir. Todo barco para moverse debe buscar el viento constantemente, es por esto mismo que la búsqueda de la llenura del Espíritu Santo debe ser constante en nuestras vidas. El agua que se queda siempre estancada en un vaso empieza a perder vida y con el tiempo se daña. Pero el agua que se mantiene en movimiento trae vida y nunca se dañará.

En la carta a los efesios, Pablo llama a los creyentes a ser llenos del Espíritu Santo. El resultado de eso es que los creyentes llenos del Espíritu traen adoración con salmos, con himnos y cánticos espirituales, cantando y alabando al Señor, dando siempre gracias por todo al Dios y Padre, en el nombre de nuestro Señor Jesucristo.

Ser lleno del Espíritu también tiene mucho que ver con conocer la palabra de Dios. Toda la Biblia es la palabra que procede de Cristo, y el Espíritu Santo es el espíritu de Cristo. La Biblia es llamada *la palabra del Señor*. Cada palabra en la Biblia procede de Él. No solo las palabras directas del Señor Jesús cuando estaba en la tierra, sino las palabras de los hombres de Dios, quienes fueron inspiradas por Él, ya sean de Moisés, Isaías, Oseas, Mateo, Marcos, Lucas, Juan o Pablo. Entonces, la Biblia es la palabra acerca de Cristo. Toda la Biblia nos habla de Él, desde el Génesis hasta el Apocalipsis. Jesús dijo que Moisés escribió de Él que Abraham vio su día y se gozó, que Isaías vio su gloria y escribió acerca de Él.

El apóstol Pablo escribe:

«Que habite en ustedes la palabra de Cristo con toda su riqueza: instrúyanse y aconséjense unos a otros con toda sabiduría; canten salmos, himnos y canciones espirituales a Dios, con gratitud de corazón». Colosenses 3:16.

¿A qué se refiere con habitar o morar? ¿Qué debe hacer esta palabra en la mente del creyente? Morar, vivir. Literalmente, sentirse como en casa. ¿Cómo debe vivir esta palabra en la mente del creyente? En abundancia, como algo que nunca falta en nosotros.

Entonces, ser lleno del Espíritu Santo no es una experiencia irracional, emotiva o de éxtasis. Ser lleno del Espíritu Santo no tiene nada que ver con hablar en lenguas o estar brincando o tirándose al suelo; esas son manifestaciones y son reales. Pero ser lleno del Ser lleno del Espíritu Santo es una acción plenamente consciente de un creyente, cuya mente está tan saturada acerca de Jesús que esa verdad acerca de Jesús lo domina, lo influencia, lo mueve, lo motiva, como el barco por el viento.

Ser llenos del Espíritu Santo significa vivir con la mente saturada de la palabra de Dios, enfocada en el Señor Jesucristo, su muerte y resurrección, de tal manera que esta realidad domina todo lo que sentimos, pensamos, decimos, y hacemos. El Espíritu Santo es quien usa esa verdad, esa palabra, para dirigir nuestras vidas.

¿Quieres ser lleno del Espíritu Santo? No hay pasos para ello. No hay «fórmulas». Abre tu Biblia, lee tu Biblia, memoriza tu Biblia, medita en la Biblia. Toda la Biblia nos habla acerca de Jesús. Si lo quieres ver de manera más sencilla, empieza por los Evangelios. Ve la vida del Señor Jesús, admira su persona, asómbrate con sus milagros, obedece sus mandamientos, medita en sus palabras, adora su deidad, agradece su muerte, maravíllate en su resurrección. Cuando la verdad acerca de Jesús sature tus pensamientos, el Espíritu te estará controlando. Recuerda la llenura debe ser constante, pues así mismo lo hicieron los apóstoles, quienes en diferentes escenarios y situaciones a lo largo del Nuevo Testamento registraron ese deseo por la llenura del Espíritu Santo en ellos. Para los apóstoles, siempre fue Jesús y el Evangelio el motivo por el cual ellos perseguían esta llenura. Los apóstoles entendían que solo por medio del Espíritu Santo ellos podían continuar con la tarea por la cual habían sido comisionados.

«Por tanto, vayan y hagan discípulos de todas las naciones, bautizándolos en el nombre del Padre y del Hijo y del Espíritu Santo, enseñándoles a obedecer todo lo que les he mandado a ustedes. Y les aseguro que estaré con ustedes siempre, hasta el fin del mundo». Mateo 28:19-20.

La vida en el Espíritu, ese camino que Jesús nos invita a tomar, no es sencilla, pero en su recorrido tiene satisfacciones inmensas. Despertar e ir por ese camino de la fe, de lo imposible, tomando riesgos, es una extraordinaria forma de sentir la vida. Jesús promete ir con nosotros, tomarnos de la mano y caminar juntos en la vida.

Una vida llena de sorpresas y expectativas; abandonar el pecado, la falta de perdón, la religión y la esclavitud moderna, las apariencias y, a cambio, ser reales, desnudar el corazón y ser libres en el alma. Camino con Jesús hasta el fin del mundo, hacia todas las naciones sobre la tierra, porque creo firmemente que vale el esfuerzo vivir esta vida, siguiendo a Jesús y buscando esa llenura constante.

LA VERDAD

Jesús es la verdad. A diferencia de otros profetas o grandes figuras de la historia de las religiones, Jesús es el único que afirmó con tanta fuerza y de forma directa esta declaración: «Yo soy la verdad». Mahoma dijo que no sabía el propósito de la vida, no tenía la verdad completa. Buda dijo a sus seguidores que buscaran la verdad, porque él mismo aún no la había encontrado. El filósofo chino Confucio dijo: «Yo no soy el camino, no tengo la verdad». Jesús es Dios mismo, pues Dios es trío, es decir, una divinidad formada por tres personas: Padre, Hijo y Espíritu Santo.

La humanidad ha tenido la necesidad intensa en toda su historia de encontrar la verdad, es un deseo humano natural. Este deseo más la autorrevelación de Dios a los hombres dan como resultado que la verdad esté disponible para todos nosotros. Sin embargo, ¿por qué es tan difícil reconocer o acercarse a la verdad, la cual es Jesús mismo? El apóstol Pablo dijo:

«A causa de la ignorancia que los domina y por la dureza de su corazón, estos tienen oscurecido el entendimiento y están alejados de la vida que proviene de Dios». Efesios 4:18.

En una ocasión estaba en las calles predicando la palabra de Dios, había tenido muy buenas conversaciones con algunas personas y habíamos tenido la oportunidad de orar por algunas de ellas, pero en un momento un hombre se me acercó y me dijo que yo era un endemoniado, que las cosas que estaba diciendo no eran la verdad y que todas esas cosas acerca de Jesús no existían. Según este hombre, yo era un peligro para la sociedad. El hombre estaba realmente furioso porque nosotros estábamos hablando de Jesús. Yo intenté explicarle nuestra fe cristiana, sin embargo, el hombre no quería escuchar, seguía atacándome con palabras fuertes, no quería entender, su corazón estaba endurecido y pude ver que su entendimiento estaba cerrado. No tenía ninguna oportunidad de llegar a su corazón, pues él mismo se había dispuesto a negarse toda posibilidad de conocer a la persona de Jesús.

Creo que es esto lo que Pablo nos quiere decir a través de este versículo bíblico: la verdad solo va a estar dispuesta para aquellos que quieran entrar en ella.

Por otra parte, el pecado que nosotros practicamos nos vuelve ciegos para poder ver la luz y encontrar la verdad. Si nosotros no nos alejamos del pecado, si no hacemos cambios en nuestras vidas para que se alineen con la verdad y la luz de la palabra de Dios, entonces va a ser difícil poder ver la verdad completa.

Conocer la verdad completa es conocer a Jesús y muchas personas dicen conocer a Jesús, pero no tienen una relación con Jesús. Los motivos por los cuales no buscamos una relación con Jesús pueden ser distintos. El único fruto de alejarnos de la verdad va a ser la oscuridad y la desgracia de no estar en ella.

En mi opinión, debemos aprender a dejar el orgullo a un lado, pues creo profundamente que un corazón quebrantable, roto delante de la presencia de Dios tiene la bendición de alinearse con la verdad, que es Cristo Jesús. Ahora bien, como dije antes, conocer la verdad completa es conocer a Jesús, pero es un proceso que hay que vivir.

Los hombres sin Cristo están bajo el poder y la influencia de la maldad. Cristo, por otra parte, es la verdad. Los hombres sin Cristo no tienen la verdad y están todavía en sus infracciones y pecados.

«También sabemos que el Hijo de Dios ha venido y nos ha dado entendimiento para que conozcamos al Dios verdadero. Y estamos con el Verdadero, con su Hijo Jesucristo. Este es el Dios verdadero y la vida eterna». 1 Juan 5:20.

Ahora quiero compartirles un poco acerca de cómo fue este proceso en mi vida personal de salir de la mentira y entrar en la verdad:

Después de aquel encuentro con Jesús en el grupo de oración, fue profunda la necesidad de accionar cambios en mi vida. Yo estaba convencido de que no caminaba correctamente y que todas las decisiones afectarían mi futuro. Entonces, dejé ir amistades que sabía que no eran buenas, solté hábitos que me perjudicaban y, en medio de la oración y la compañía de otros hermanos en la fe, encontré herramientas que me ayudaron a caminar en los principios y valores de Dios.

Algo que descubrí durante este proceso fue que Dios es un padre por naturaleza, Él cuida y ama a los suyos, les provee y está ahí siempre para ellos. Quizás para muchos de ustedes es algo normal este concepto de Dios como padre, pero para mí, en lo personal, descubrir esta esencia de Dios fue fundamental para encontrarme con la verdad.

En el mundo de mentira en el cual yo vivía, la imagen de padre estaba totalmente desfigurada. Por desgracia, yo nací en una familia disfuncional. Mi padre se separó de mi mamá cuando yo era tan solo un bebé. Durante mi infancia la relación con mi padre era esporádica, es decir, me veía con él algunos fines de semana. Después las cosas fueron empeorando, mi mamá se mudó de ciudad y el resultado de eso fue que yo estuve con mi papá solo en algunas temporadas de vacaciones.

Mi padre se perdió los buenos y malos momentos de mi vida, varios cumpleaños, mi grado de la escuela, mi proyecto de Ciencias, mis premios por ser buen estudiante, salidas al parque. Nunca celebré un triunfo o logro en mi vida junto a él. Debo agregar que no es un mal hombre, de hecho, es un hombre muy trabajador, honesto y amoroso. Pues, aunque tuve pocos momentos con él, siempre sentí su amor y en los pocos tiempos que teníamos juntos supo presentar atención a mis necesidades, pero las circunstancias de la vida nos llevaron a distanciarnos mucho. Y en medio de este distanciamiento crecí creyendo que un padre solo estaba para mis vacaciones.

Cuando conocí a Jesús y entré en esta verdad, entendí que un padre está en todo tiempo, en todo momento, en todas las circunstancias. Lo cual es difícil para un padre terrenal, pero para un padre celestial no lo es. El amor de Dios como padre es incomparable. Cuando experimenté este amor, sentí libertad en mi corazón, sentí que este mismo amor me daba la capacidad de perdonar las circunstancias y de perdonar a mi padre por no estar siempre allí.

Solo en la base del amor de Dios como padre he podido hasta hoy día tener una relación sana, amorosa, respetuosa con mi padre terrenal. Estos son los resultados cuando nosotros nos encontramos con la verdad, dejamos la mentira en la que hemos vivido y entramos a una dimensión de libertad, pues la verdad nos hará libres. Estar en la presencia de Jesús nos renueva y la historia de nuestra vida cambia.

No sé cuál sea tu condición actual, no sé cuál es la mentira que estás creyendo o las circunstancias que son difíciles o complicadas en tu vida. Solo puedo decir que, al acercarnos a la verdad, que es Jesús, y reconocer nuestra debilidad, nuestra vulnerabilidad y nuestras necesidades, nos damos la oportunidad de experimentar un nuevo nacimiento.

Nicodemo, un conocido sacerdote fariseo, preguntó a Jesús sobre cómo puede él estar con Dios Padre y hacer las señales y milagros que Jesús hacía. Jesús les contestó que es necesario nacer de nuevo para poder ver el reino de Dios. Quisiera enfocarme solo en el concepto del nuevo nacimiento. Como dije antes, es un proceso, pero todo parto también tiene dolores, en todo parto hay un riesgo, en todo parto, tanto la madre como el bebé deben poner de su parte para que el nacimiento pueda darse.

Yo creo que cuando hemos decidido nacer de nuevo, tenemos que ser conscientes de que va a tomarnos tiempo; va a ser doloroso hacer ciertos cambios, puede ser incómodo y quizás no tengamos las fuerzas para poder cambiar nuestra manera de pensar y de vivir. Pero también creo que en este proceso de nacer de nuevo no estamos solos, así como el bebé no está solo, sino que su madre está ahí, empujando para ayudarle a nacer; de la misma forma, está Jesús con nosotros.

Él nos ayuda a realizar todos los cambios que debemos hacer en nuestra vida, nos limpia de todos nuestros pecados, sana todas nuestras heridas del pasado y nos libera del engaño de Satanás para llevarnos a un destino mejor.

«Por lo tanto, si alguno está en Cristo, es una nueva creación. ¡Lo viejo ha pasado, ha llegado ya lo nuevo!». 2 Corintios 5:17.

También debemos saber que Jesús nos acompaña de otras maneras, poniendo personas a nuestro alrededor que nos aman, aconsejan y desean lo mejor para nosotros. Ellos llegan a ser nuestro bastón, la ayuda, un soporte y mano amiga; debemos aprender a escucharlos siempre, teniendo en mente todas las promesas que Dios nos ha dado.

Nacer de nuevo no nos hace perfectos en la fe o en diferentes ámbitos de nuestra vida. Nacer es el primer paso, luego comienza la vida. Debemos procurar mantenernos en la verdad; si vivimos fuera de la verdad, entonces ya no estaremos en Jesús.

Salimos de su verdad por causa de nuestro orgullo, rebeldía y autosuficiencia. Tengamos presente el llamado de Jesús para la humanidad, el cual es vivir una vida en arrepentimiento, abrazar cada mañana su misericordia y darlo a conocer por medio de todo lo que Él ha hecho en nosotros. ¿Podemos cometer errores? Claro que podemos cometer errores e incluso me animaría a decir que, siendo maduros en la fe, puede suceder que fallemos en ciertas áreas de nuestra vida. Pero es sano reconocer los errores, perdonar y pedir perdón, porque Dios Padre nos ama por quienes somos en Él, y no por aquello que hacemos.

Los errores pueden suceder, las caídas pueden venir, pero quedarnos en el error es quedarnos en el suelo, es regresar a la mentira. Aceptemos la vida que tenemos en Jesús, su favor y su gracia, y no permitamos que la vergüenza o la culpa nos roben las bendiciones que Dios quiere derramar sobre nosotros.

«Jesús se dirigió entonces a los judíos que habían creído en él, y les dijo: —Si se mantienen fieles a mis enseñanzas, serán realmente mis discípulos; y conocerán la verdad, y la verdad los hará libres». Juan 8:31-32.

Muchas personas viven su vida cristiana siendo creyentes en las nuevas tendencias, más que en la misma palabra de Dios. Quisiera explicarme sobre esto que digo: queremos solucionar problemas habituales de nuestra vida diaria, relaciones interpersonales o familiares, desafíos en el trabajo, salud física y mental, con teorías, libros, ideas, filosofías, programas y consejos en televisión o revistas, y sin siquiera tener en cuenta que muchas de estas cosas nos llevan a vivir en desacuerdo con la palabra de Dios. Por ejemplo, si te encuentras mal de salud o atraviesas una enfermedad en particular, es necesario asistir al médico e iniciar un tratamiento. La medicina no es el problema, Dios le dio al hombre inteligencia para desarrollarse y sobrevivir en diferentes ámbitos y uno de ellos es la medicina. Pero, si el mismo médico da un tratamiento de medicamentos esotéricos, los cuales sabemos están elaborados con base en las energías lunares y otros rituales, y nosotros, teniendo consciencia del origen, consumimos estos medicamentos, entonces ponemos en primer lugar estas cuestiones y dejamos de lado el estilo de vida que debemos vivir en Dios.

Así como sucede en la medicina, puede suceder en diferentes aspectos y áreas de la sociedad, educación, artes, finanzas, familia, negocios, entre otras. Dios es un Dios de principios; en la medida que vivamos sus principios, encontraremos bendición y prosperidad.

Hay quienes ponen en discusión si realmente encontramos valores y principios para vivir en la Biblia. Frente a esto, se puede decir que una nación como USA desarrolló su constitución de leyes basándose en la Biblia; por supuesto, la aplicación de esta constitución en la nación es otro tema, pero, así como USA, otras naciones adaptaron estos principios encontrados en la Biblia, y la historia de la humanidad nos muestra cómo algunas naciones que intentaron aplicar estos principios en su estructura y desarrollo social fueron bendecidas. Tenemos el ejemplo de algunos de los países nórdicos, Japón y Suiza. Ahora, imagina aplicar estos principios y valores en tu vida personal; seguramente, vas a notar un cambio en tu vida y en la de tu descendencia.

No está en discusión negociar nuestros principios. La verdad no solo se predica, se vive. Y todo aquello que no esté inspirado por Jesús, sencillamente, no nos llevará lejos. Esto es simple y llano, no hay puntos medios, ni tibieza, solo hay dos reinos: uno del bien y otro del mal. Y Dios en su palabra ha dicho, refiriéndose a la tibieza:

«Yo conozco tus obras, que ni eres frío ni caliente. ¡Ojalá fueses frío o caliente! Mas porque eres tibio, te vomitaré de mi boca». Apocalipsis 3:15-19.

Es difícil de procesar, complejo y profundo. Pero mi recomendación es simple: conocer qué dice la Biblia, saber qué piensa Dios, cómo es Él, cuál es su carácter y naturaleza; porque eso nos llevará a discernir lo falso de lo verdadero. La Biblia es un conjunto de libros asombrosos, allí podrás encontrar temas de salud, sexualidad, gobierno, educación, administración, etc. No es un libro religioso, sino que nos enseña a vivir y a construir una verdadera comunidad. Nos motiva a mejorar como seres humanos y a crear nuevos y sanos hábitos para nuestra existencia, es decir, nos exhorta al cambio e invita a amar al prójimo.

No quisiera que se malinterprete todo el conocimiento que la humanidad ha adquirido por años, pues es sumamente valioso y creo firmemente en que Dios ha estado en medio de todas las ciencias. Creo en un Dios que va más allá de una religión, aquel que creó todas las cosas que nos rodean. Sin desviarnos, si Jesús es la verdad, entonces todo lo que Jesús habla, dice, enseña y manifiesta tiene un fundamento y es real. Pero, si vamos a una fuente donde Jesús no está, entonces la fuente está vacía, no es real al no poseer fundamento puro y auténtico.

Solo si nosotros nos alimentamos de la fuente donde está Jesús encontraremos la verdad y la libertad.

Para conocer dónde debemos estar y dónde no, dónde hemos de impactar y ser luz, como Jesús nos enseñó, es necesario estar con la verdad. Es importante entender que, si Jesús no está en el centro de nuestra vida y en las cosas que hacemos, entonces no viviremos en libertad, seremos tan solo espectadores y *fans* de Jesús, personas como aquellos que lo seguían entre la multitud, y no como sus verdaderos discípulos. ¿Dónde quieres estar?

LA VIDA

«Por tanto, mediante el bautismo fuimos sepultados con él en su muerte, a fin de que, así como Cristo resucitó por el poder del Padre, también nosotros llevemos una vida nueva. En efecto, si hemos estado unidos con él en su muerte, sin duda, también estaremos unidos con él en su resurrección. Sabemos que nuestra vieja naturaleza fue crucificada con él para que nuestro cuerpo pecaminoso perdiera su poder, de modo que ya no siguiéramos siendo esclavos del pecado; porque el que muere queda liberado del pecado». Romanos 6:4-7.

«Son las cuatro de la mañana, ¿qué está pasando? ¿Por qué están las luces encendidas?». Esos fueron mis primeros pensamientos al despertarme a causa de los ruidos producidos por mi mamá y mi hermana. No entendía muy bien qué estaba sucediendo. Mi hermana se quejaba del dolor y mi mamá parecía no encontrar alivio para ayudarle. Pasé el resto de la madrugada en cama, medio dormido, hasta que me levanté a las ocho para desayunar.

Mi hermana aún estaba en su cuarto, y no se encontraba nada bien, podía verlo además en el rostro colmado de angustia y preocupación de mi madre. Algunas horas después llegaron amigos de la familia y un pastor que mi hermana había conocido hacía un tiempo en una iglesia. Todos se reunieron en su cuarto, comenzaron a leer la Biblia y oraron. Me acerqué y ahí me quedé parado al lado de la puerta. Mi hermana estaba acostada y mi madre a su lado.

El resto de las personas rodeaban la cama de pie. Pude distinguir los instantes en los que ellas dos cruzaron palabras y segundos después mi hermana cerró los ojos para nunca más volverlos a abrir. Murió con tan solo quince años de edad por causa de una leucemia, cáncer en la sangre, enfermedad con la que estuvo luchando por casi un año y tres meses. Ella estaba presentando una mejoría considerable y por ese motivo ya no estaba en el hospital, con la autorización del médico, quien dijo que podría seguir el tratamiento desde su casa. Todo parecía estar bien y que mi hermana por fin estaba superando el cáncer. Los últimos tres meses antes de morir, la enfermedad le afectó de forma más agresiva y fue realmente difícil intentar buscar una solución en tratamientos. Simplemente, no había esperanza de vida alguna para ella. Lo que sentí en ese momento al ver a mi hermana morir es algo indescriptible, un vacío muy profundo en el corazón; sentí que volé por algunos minutos, me desconecté por unos instantes en donde mi cuerpo estaba extremadamente liviano.

Salí del cuarto sin comprender todo lo que estaba pasando. Era tan solo un niño de doce años y todo ese escenario no era fácil de procesar. Un día más tarde comprendí que nunca más podría jugar con mi hermana y lloré, lloré muchísimo; me dolió su partida.

La extrañé como nunca he extrañado a alguien. Con el pasar del tiempo me recuperé, lo procesé y hoy puedo verlo y sentirlo diferente. Puedo estar en paz y ver con claridad lo que ella estuvo haciendo antes de irse de casa, lo cual es sumamente importante. Durante sus últimas semanas, mi hermana tuvo un profundo deseo de buscar a Jesús. En ese tiempo no teníamos aún la fe en Jesucristo, pero aun así ella insistió en visitar una iglesia para conocer más de la Biblia y de Dios.

El pastor del lugar la bautizó, fue una decisión que ella misma tomó, un deseo muy personal. Con el tiempo comencé a verla orando en su cuarto, leyendo la Biblia; algo en ella había cambiado, entregando su vida a Jesús. En lo personal, siento que sus actos fueron la semilla para que hoy yo crea en Jesús, ella me animó de alguna manera a seguir su ejemplo. Hoy entiendo que mi hermana estaba buscando la salvación, vida eterna: tenía hambre y sed de la verdad.

Cuando me encontré con Jesús, comprendí que soy un hombre eterno, que permanece para siempre. Que después de esta vida, vendrá un tiempo mejor en Cristo Jesús. Entendí que el temor a la muerte es la falta de luz de Jesús en nosotros. Entendí que estamos unidos a Él en su resurrección y, por medio de la victoria en la cruz, nos levantaremos después de la muerte física. Ahora que Jesús vive en mí soy eterno y solo es cuestión de tiempo para tener la oportunidad de ver a mi hermana Luisa de nuevo. Qué grande es Dios, qué genial que es Él.

Cuando la Biblia habla sobre la vida eterna, se refiere a un don de Dios que viene a ser efectivo en nosotros solo por medio de Jesús. La vida eterna llega a los que creen en Jesús, quien es la resurrección y la vida. El hecho de que esta vida sea eterna indica que la vida es perpetua, es decir, continúa para siempre y sin fin.

Sin embargo, creo que es un error considerar la vida eterna como un tiempo indefinido de años. Muchos creemos que pasaremos miles y miles de años junto a Dios, pero la vida eterna no está condicionada por el tiempo. Si lo fuera, entonces no sería eterna. El término griego para la vida eterna en el Nuevo Testamento es *aionios* y nos da una perspectiva más amplia que conduce a la idea de una calidad de vida buena, justa y agradable, además de cantidad ilimitada de tiempo. La vida eterna puede funcionar fuera y más allá del tiempo, al igual que puede funcionar dentro del tiempo. Por esta razón, la vida eterna puede ser considerada como algo que los cristianos experimentan ahora. Es decir, que no tenemos que esperar hasta la muerte para entrar en la vida eterna, porque no es algo que comienza cuando morimos.

Más bien, la vida eterna comienza en el momento en que hemos sido tocados por Jesús e iniciado un proceso de cambio en nuestras vidas. Una vez que recibimos su gracia por medio de la fe, entonces somos eternos, y esa eternidad ha comenzado ahora.

«El que cree en el Hijo tiene vida eterna; pero el que rechaza al Hijo no sabrá lo que es esa vida, sino que permanecerá bajo el castigo de Dios». Juan 3:36.

Creo y estoy firmemente convencido de que una persona que se encuentra con Jesús ya no es la misma persona. Ese encuentro es como un tiempo en la mesa, donde se habla, se conoce, se disfruta el alimento. En este caso, el alimento que Jesús preparó para nosotros: Él mismo se preparó para entregarse por nosotros y nos enseñó una verdad clave e importante. Él es el camino, la verdad y la vida, y nadie puede ir al Padre por sí mismo; solo a través de Jesús llegamos a Él.

Busquemos con todo el corazón a Jesús, nuestro alimento, la paz que estamos buscando, la respuesta a todas las preguntas en cualquier tiempo de nuestras vidas, el consejo que estamos necesitando. Jesús es quien puede sanarnos, nos motiva, anima, desafía y nos permite soñar y creer en aquello que parece imposible. Jesús es quien quiere estar con nosotros sin importar quiénes somos. Desea lo mejor para nosotros, enseñándonos a vivir de forma correcta y ordenada, y sin dañarnos los unos a los otros. Nada se compara a Él.

Sigamos a Jesús con todo nuestro corazón, caminemos sus pasos, abramos las puertas para que Él entre a nuestras vidas, de una forma profunda e intensa, y que sea la verdad que profesamos. No vivamos solamente para nosotros mismos, tampoco incluyamos a Jesús en nuestros proyectos o deseos personales; mejor es involucrarnos en sus sueños y proyectos, vivir para Él y no para nosotros.

Dios da vida a una relación rota y muerta. Puede acercar a dos personas completamente diferentes, en armonía y paz. Puede darnos una vida con propósito y un nuevo rumbo, dar unión a una familia quebrantada, sanar amistades heridas.

Lo que tú y yo necesitamos es vida, y vida en abundancia. Jesús dijo una vez:

«Pero el que beba del agua que yo le daré no volverá a tener sed jamás, sino que dentro de él esa agua se convertirá en un manantial del que brotará vida eterna...». Juan 4:14.

2
TOMANDO UNA IMPORTANTE DECISIÓN

La decisión es una determinación o resolución que se toma sobre una determinada cosa. Por lo general, la decisión supone un comienzo o poner fin a una situación; es decir, impone un cambio de estado. Los expertos definen la decisión como el resultado de un proceso mental cognitivo de una persona. Se conoce como toma de decisiones al proceso que consiste en concretar la elección entre distintas alternativas. Decidir es, sin duda, una actividad que realizamos cientos de veces cada día; debemos decidir qué comer, qué vestir, qué decir, qué hacer, entre otras muchas actividades que requieren que nosotros tomemos una decisión. Cuando Jesús se acercó a Pedro y le propuso pescar hombres, Pedro tenía que tomar en ese instante una importante decisión: dejar su vida anterior para iniciar algo nuevo. La decisión de Pedro afectó su destino y cambió su propósito por algo mucho mayor. Este es un simple ejemplo de cómo nuestras decisiones cambian nuestro destino.

SER DISCÍPULO

La vida de Jesús aquí en la tierra impactó en miles de personas, pero tengamos en mente que no todos ellos fueron discípulos cercanos a Él. Podemos ver a través de los Evangelios diferentes historias donde podemos visualizar cómo muchos lo seguían. A cada pueblo donde Jesús llegaba, miles de personas se reunían a escuchar sus parábolas, recibir oración y milagros. Pero solo un pequeño grupo, sus discípulos, eran los que caminaban junto a Él durante su ministerio.

Resulta interesante la diferencia entre seguidores y discípulos, dos grupos de personas totalmente distintas. Los discípulos caminaban en todo momento con Jesús, lo escuchaban, eran confrontados por Él, es decir, no solamente recibieron milagros en sus vidas, sino que también estuvieron con Él, desnudaron su corazón delante de Él. Recibieron enseñanzas profundas, porque tenían la posibilidad de ver cómo Jesús vivía y podían ver los pequeños detalles de su vida. Ellos compartían los tiempos más íntimos con Jesús, durante las comidas, sus viajes, al descansar y planear cuál sería el siguiente paso. Esto era un privilegio que miles no tenían. Los seguidores de los pueblos por donde Jesús pasaba podían beneficiarse de un milagro, una sanidad, y no está mal recibir algo de la mano de Jesús. Pero las preguntas aquí serían: ¿a qué grupo pertenecemos? ¿Dónde queremos estar, cómo deseamos caminar? ¿Queremos ser de los miles de seguidores en la multitud o queremos ser los discípulos cercanos de Jesús? Pero tal vez esto lo podemos iluminar en una pregunta aún más concreta y particular: ¿deseamos a Jesús por el milagro que Él pueda hacer o lo deseamos como amigo, esposo, salvador, centro de nuestras vidas? Ahí radica la gran diferencia.

«Al escucharlo, muchos de sus discípulos exclamaron: Esta enseñanza es muy difícil; ¿quién puede aceptarla?

Jesús, muy consciente de que sus discípulos murmuraban por lo que había dicho, les reprochó:

—¿Esto les causa tropiezo? ¿Qué tal si vieran al Hijo del hombre subir adonde antes estaba? El Espíritu da vida; la carne no vale para nada. Las palabras que les he hablado son espíritu y son vida. Sin embargo, hay algunos de ustedes que no creen.

Es que Jesús conocía desde el principio quiénes eran los que no creían y quién era el que iba a traicionarlo. Así que añadió:

—Por esto les dije que nadie puede venir a mí, a menos que se lo haya concedido el Padre.

Desde entonces, muchos de sus discípulos le volvieron la espalda y ya no andaban con él. Así que Jesús les preguntó a los doce:

—¿También ustedes quieren marcharse?

—Señor —contestó Simón Pedro—, ¿a quién iremos? Tú tienes palabras de vida eterna. Y nosotros hemos creído, y sabemos que tú eres el Santo de Dios». Juan 6:60-71.

Cuando decidimos ser discípulos de Jesús, todo en nuestra vida se transforma. En lo personal, creo que ser discípulo es un llamado para todos, como Él mismo lo dijo: «Id y haced discípulos, bautizándolos en el nombre del Padre, del Hijo y del Espíritu Santo».

Luego de conocer a Jesús en aquel grupo de oración, realicé algunos cursos con el objetivo de aprender más de la Biblia, participé en retiros espirituales, y estaba presente cada domingo en la iglesia. Pensaba que hasta ahí estaba cumpliendo con todos los «requisitos» para ser un discípulo de Jesús.

Un domingo en la iglesia, me sucedió algo especial: tomé asiento para escuchar la prédica y en un momento me distraje en mis pensamientos y me pregunté a mí mismo: «¿Por qué no ser yo la persona que predica?». Cuánto tiempo más iba a estar sentado en esa silla. Yo quería algo más: servir y no solo estar los domingos para escuchar. Quería hacer algo que pudiera beneficiar a otros, satisfacer el corazón del Padre. Tomé la decisión de involucrarme en un proyecto misionero. Me involucré, aprendí y tuve la oportunidad de apoyar en el culto los domingos. También participé de otras actividades evangelistas en la ciudad y con el tiempo descubrí que era satisfactorio para mi alma. Me gustaba servir, estaba haciendo algo realmente importante: hablar a otros sobre Jesús. En ese camino cayó la venda de mis ojos y descubrí que, si Jesús es la mejor medicina y todos están enfermos, ¿por qué no dar un poco de esa medicina a otros? Ese pensamiento me cautivó.

Me cautivó de tal forma que no quería hacerlo solo por un fin de semana. Jesús estaba tocando mi corazón una vez más y deseaba servirle a tiempo completo. Pero no sabía cómo ni dónde.

Al finalizar el año, la iglesia, mediante el Ministerio de Misiones, estaba organizando un viaje misionero de un mes a la ciudad de Cartagena, Colombia. Realizamos un viaje de veinticuatro horas junto con mi familia, en autobús, para tener esa experiencia en el ámbito misionero. Llegamos a destino, visitamos iglesias, predicamos, trabajamos con niños e hicimos evangelismo en las calles; para mí era todo totalmente nuevo, pero mi alegría era inmensa. Luego realizamos un viaje en barco hacia una de las islas del municipio de Bolívar, llamada Boca Chica, y estuvimos allí por dos semanas, sirviendo y apoyando un proyecto del Ministerio de JuCUM.

Por motivos que no podría explicar ahora mismo (si lo hiciera, tendría que escribir otro libro), mi madre toma la decisión de quedarse en esa isla y continuar con diferentes proyectos evangelísticos y comunitarios. Lo que era una experiencia de un viaje de algunas semanas se convirtió en un nuevo comienzo. Entonces, mi hermano y mi madre deciden quedarse allí a vivir, pero yo, por mi parte, estaba en mi último semestre de mis estudios como diseñador y programador de sistemas, así que decidí regresar a la ciudad de Bogotá para finalizar mi carrera. Pero en lo profundo de mi corazón sabía que volvería a emprender ese viaje y capacitarme como misionero en la escuela de JuCUM, en Cartagena. Estaba muy motivado, la experiencia durante ese viaje me hizo descubrir cómo quería invertir mis años de vida.

Luego de despedirme de mi familia, estoy rumbo a Bogotá; nuevamente, veinticuatro horas en bus, pero esta vez con millones de pensamientos acerca de los cambios que vendrían para mí en ese tiempo: solo, sin mi familia y con nuevos desafíos, pero con la certeza y confianza de que todo estaría bien. Al llegar a nuestra casa, abrí la puerta, dejé en el suelo mis maletas y me di cuenta de que no necesitaba un apartamento para mí solo, además, no podía cubrir todos los gastos. Entonces, llamé por teléfono a mi mamá para preguntarle qué haría con todas nuestras cosas: «Regala todo», se escuchó al otro lado. «¿Cómo?», le pregunté otra vez, para asegurarme de haber escuchado bien. Me repite que tome solo lo necesario y que *regale todo*.

¡Regalar todo! Me sorprendí de su respuesta. Acto seguido, me contacté con amigos y familias de la iglesia para ofrecer nuestros muebles y demás accesorios que teníamos en casa. En el lapso de una semana desocupé el apartamento y lo entregué a la inmobiliaria. Recuerdo cómo llegaban las personas a llevarse nuestros muebles, nuestra lavadora, nevera, sillas y mesas, sofá, camas, ropa, utensilios de cocina, sábanas y tapetes... Es decir, lo dimos todo. Me quedé con mi guitarra, una maleta y una cama. ¿Qué más podría necesitar un chico joven y estudiante? Me mudé a la casa de un amigo, quien me dio la oportunidad de alquilar una habitación.

Debo confesar que fue un tiempo difícil porque mi corazón estaba en las misiones, pero comprendía que era importante finalizar mis estudios. Durante esos seis meses tuve muchas luchas, desafíos, y sentía que me estaba distrayendo de la visión de Dios, pero la oración de mi mamá, la de mis pastores y aquellas buenas personas que estuvieron a mi alrededor y me brindaron apoyo fueron el pilar para permanecer en el camino y cerrar esa etapa de mi vida de la mejor manera posible. Cuando recibí mi título de diseñador y programador, compré un tiquete de avión para viajar al día siguiente a Cartagena (esta vez no quería tener veinticuatro horas en un bus) para estar cerca de mi familia y comenzar una nueva etapa en mi vida. Estaba decidido a ser misionero, a convertirme en discípulo de Jesús, quería servirle con todo mi corazón, estar cerca de Él y vivir aventuras.

Todo esto que les cuento parece una locura, pero una locura que valió la pena. Creo que el llamado que Dios me dio y la forma en como Jesús lo hizo conmigo eran necesarios. Solo Él sabe por qué tuvo que ser así. Cada uno recibe de Dios una carga, un llamado, una motivación, una inquietud en el alma que lo lleva a moverse en el plan que Él tiene para nosotros.

Cada persona tiene que escuchar a Jesús en la intimidad, caminar y tomar la decisión firme hacia aquellas cosas que Él está hablando en su vida. No importa el costo que tengamos que pagar, no importa que tan incómodo o tan riesgoso pueda ser tomar esa decisión. Si es para llegar al camino donde Jesús está, pues entonces todo nuestro esfuerzo vale la pena. Saben, el sistema de este mundo nos desea capturar, nos quita el tiempo, nos entretiene y crea muros para que no seamos personas firmes en la fe, pero Jesús ya venció el mundo. No temamos, no dejemos que el sistema sea nuestro señor, dejemos que Jesús tome el control de nuestras vidas, que tome cada acción, palabra y momento.

Jesús llama a cada uno de manera particular. Al final, todos somos un cuerpo y este tiene diferentes partes, las cuales poseen una función distinta, pero todo el cuerpo funciona en armonía. Es decir, cada uno tiene una tarea diferente.

Obviamente, somos hermanos y caminamos en la misma misión, pero para completar un proyecto hay diversas áreas en las cuales trabajar; el llamado es individual y mi tarea no es la misma que tiene el otro, sin embargo, nos complementamos como el cuerpo de Cristo que somos. Cada uno en la intimidad debe preguntar y descubrir cuál es el propósito que tiene, cuál es la tarea por la que ha venido a este mundo y, cuando la descubras, deberás tomar, entonces, esa gran decisión de caminar hacia ese llamado, dejarlo todo por Jesús o ignorarlo y seguir siendo un cristiano con una vida cómoda en su fe, como la multitud.

Fríos o calientes, que tu SÍ sea un SÍ y que tu NO sea un NO. Términos intermedios parece que no le gustan a Dios, es parte de su naturaleza y de su carácter. Él tiene una visión clara sobre lo que quiere, no duda, no es relativo. Dios está seguro de lo que busca y quiere hacer.

Él no se pregunta a sí mismo «¿será?». ÉL ES.

Jesús, Dios Padre y el Espíritu Santo, busca personas que sean radicales para responder al llamado, que le den valor a la palabra, que no sean fluctuantes en sus decisiones y que caminen conforme a su voluntad.

Dios, nuestro Padre, está buscando personas que no se dejen llevar por el tren de las emociones, sino que sean firmes, que caminen en la rudeza de un SÍ, personas para las que Jesús sea su prioridad en todos los aspectos de su vida. Sí, el camino puede ser difícil, la Biblia menciona que es un camino estrecho, donde podemos encontrar rocas, obstáculos, dificultades, situaciones difíciles, que nos traen dolor.

«Entren por la puerta estrecha. Porque es ancha la puerta y espacioso el camino que conduce a la destrucción, y muchos entran por ella. Pero estrecha es la puerta y angosto el camino que conduce a la vida, y son pocos los que la encuentran». Mateo 7:13.

Recordemos y guardemos en nuestra alma y espíritu el sacrificio que Jesús hizo en la cruz por nosotros, veamos cuán grande es su amor por nosotros. Nunca estaremos solos, ÉL está en nosotros. Antes que Jesús subiera a los cielos, prometió que el consolador, es decir, el Espíritu Santo de Dios estaría aquí en la tierra para bautizarnos y vivir una vida bajo la sombra de sus alas, bajo su favor y protección. El Espíritu Santo de Dios nos da la autoridad suficiente para cambiar este mundo a favor del reino de los cielos; Jesús cumplió su parte, el Espíritu Santo está aquí y ahora es nuestro turno de decidir qué vamos a hacer.

En el tiempo que Dios me llamó a transformar mi vida, debo confesar que no fue sencillo dejar mi ciudad, mis amigos, mis comodidades e ir a una isla para servir. Cambiar mi estilo de comer, de vestir, dejar de hacer actividades que me gustaban porque necesitaba el tiempo para estar en el ministerio, escuchar y servir a la gente. No fue fácil, muchas cosas en mi corazón salieron a la luz: el orgullo, la mentira, el egoísmo eran aspectos que Jesús quería tratar en mi vida, cambiarlas y hacerme mejor.

No es fácil permitir a Jesús entrar a nuestras vidas y remover estas partes, pero en mi caso personal era necesario para continuar con el camino que había decidido tomar.

No soy perfecto, nunca lo seré, soy una persona que necesita de Jesús, sin Él estaría perdido. Jesús me demostró que estaba ahí conmigo, logré terminar mis estudios y prácticas en las misiones, viajar a otros lugares, conocer otros países, predicar su palabra, entrenar a otros jóvenes, hacer y ver cosas que nunca imaginé. Aunque al principio no comprendí y fue un cambio de vida drástico, hoy puedo ver lo bueno que Dios ha sido y sé que lo mejor aún está por venir.

Jesús es un experto en cambiar la vida de las personas: Moisés se convirtió en el patriarca de toda una nación; José, luego de que sus hermanos lo vendieran, fue la segunda persona más poderosa de todo Egipto después del faraón; David dejó de ser un niño cuidador de ovejas para ser el rey de Israel; Daniel, exiliado de su tierra y con la ayuda de Dios, se convirtió en uno de los hombres de confianza del rey babilónico.

Dios cambia el destino de las personas, trae una luz que nos lleva a un viaje jamás imaginado. Dios es un soñador y nos da la oportunidad de soñar con Él y alcanzar lugares privilegiados. Alrededor de la historia, miles de personas se han encontrado con Jesús y sus vidas han sido transformadas a un destino mayor. Eso es una evidencia de que Él es real y da testimonio de su existencia. ¡Vamos! Sigamos a Jesús, corramos al lugar donde está el soñador de soñadores, que rebosen nuestras vasijas de ganas de vivir de acuerdo a su voluntad y a los planes que Él tiene preparados para nosotros.

LA GUÍA

«Yo te haré saber y te enseñaré el camino que debes andar; te aconsejaré con mis ojos puestos en ti». Salmo 32:8.

A veces pueden existir ciertas dudas cuando nos encontramos en posición de tomar una decisión. Muchas veces otros factores emocionales pueden influir, como el sentirnos desorientados y hasta incluso tristes por no saber cuál camino transitar. Pero, para quienes caminamos junto a Jesús, se nos presenta además otro cuestionamiento: ¿le agrada a Dios esta decisión que estoy tomando?, ¿cómo sé cuál es el camino que debo seguir?, ¿cómo puedo encontrar a Dios en medio de una decisión?

Es entonces cuando nos sentimos abrumados. Nos olvidamos de que Dios ya nos ha dado luz en nuestro caminar. Esa luz es su palabra, la cual no es simplemente un lugar donde encontrar refugio y bienestar, también es nuestra brújula. Él no expresa su voluntad solo a través de los mandamientos, sino que muchas veces, al estudiar los diferentes hechos narrados en la Biblia, descubrimos que el mensaje es mucho más grande y que puede traspasar toda circunstancia y cualquier tiempo. En las narraciones bíblicas podemos encontrar ciertos aspectos que nos pueden guiar en las decisiones que debemos tomar. Claro, hay que tener en cuenta el contexto de la historia bíblica y la cultura de la época, pero te invito a hacer el ejercicio: dile al Espíritu Santo que te deje ver más allá del texto bíblico y que por medio de las historias puedas rescatar principios que puedan ser relevantes para hoy. Dejemos que la Biblia hable de nuestra situación actual, pueden sorprenderte las cosas que Dios puede relevarte a ti por medio de las historias bíblicas.

Debemos estudiar la Biblia con el corazón abierto, porque solo un corazón humilde puede encontrarse receptivo al aprendizaje.

Quizás lo que Dios nos manda es completamente diferente a lo que teníamos en mente, pero debemos hacerlo con la certeza de ser bendecidos y respaldados por Jesús al tomar esa decisión. Dios no nos ha dejado solos, Él promete guiarnos, aunque a veces nos lleve tiempo encontrar la respuesta o solo escuchemos el silencio.

Dios de alguna manera te llevará a escoger el buen camino y a tomar decisiones que lo honren a Él. Porque ese es el objetivo: honrarle. Al tomar una decisión, no se trata de nosotros. Cuando nos acercamos a la palabra de Dios, conocemos lo que Él nos ha revelado de sí mismo, entonces, cuando tenemos una decisión por tomar, no debemos intentar que Dios se acople a nuestro plan, sino develar un hermoso misterio: ¿cómo encajo yo en el plan de Dios?

Personalmente, siempre aconsejo, antes de tomar una decisión, la oración. Debemos presentarle nuestras inquietudes a Dios. Buscarlo con todo nuestro corazón, de manera humilde, para que Él aclare nuestro entendimiento. Dios examinará nuestro corazón y nos mostrará cosas que no sabíamos de nosotros mismos, nos llevará a su sabiduría y de esta manera estaremos capacitados para tomar mejores decisiones en nuestras vidas.

En caso de equivocarnos con nuestras decisiones, no debemos caer en lamentos, enojo, falta de fe, entre otras cosas. Creo que tenemos toda la libertad para equivocarnos al momento de tomar una decisión. En ocasiones creemos que fuimos guiados por Dios, pero resulta que no fue así y hemos visto que los frutos de nuestras decisiones no son buenos. Mi recomendación para estos asuntos es muy simple: debemos comenzar de nuevo y seguir intentando. No veo ningún problema. Dios es un Dios de gracia, de perdón, de reconciliación. Él es un Dios que nos da muchas oportunidades, aunque tomemos el camino incorrecto al decidir. Dios nos dará siempre nuevas oportunidades. En nuestra intimidad con Él, oremos con humildad para que Él nos restaure Él nos estará esperando para reparar nuestro error y levantarnos en su gracia.

«Examíname, oh, Dios, y conoce mi corazón. Pruébame y conoce mis pensamientos; y ve si hay en mí camino de maldad y guíame en el camino eterno». Salmo 139:23-24.

3
LA RIQUEZA EN MIS MANOS

La riqueza, vista siempre desde el punto de vista económico, es la abundancia de recursos de una persona. Estos recursos pueden ser tangibles o intangibles. Este concepto, a su vez, es el concepto opuesto a pobreza. Ya que esta es la falta de acceso a los recursos. Desde una perspectiva de la economía, la riqueza puede medirse desde el punto de vista sociológico, moral o, incluso, antropológico. La riqueza espiritual también puede ser medida, es decir, depende de la cantidad de recursos que hemos tomado de Dios y de cómo administramos estos recursos. El tener una gran capacidad financiera no significa que la persona tenga una riqueza moral, de la misma manera el tener una riqueza moral no significa tener una riqueza espiritual. En conclusión, hay diferentes tipos de riquezas y para cada una de ellas debemos trabajar y esforzarnos por conseguirla, sin embargo, en mi opinión, la riqueza que es alcanzable para todos, y la más importante en conseguir, es la riqueza espiritual.

RESTAURACIÓN

En uno de los viajes misioneros que realicé en Ecuador, tuve la oportunidad de visitar diversas iglesias predicando la palabra de Dios. También en escuelas, universidades e incluso en prisiones ecuatorianas. Pero una de las experiencias que dejó huella en mí durante ese viaje fue la visita a dos mujeres de dos mundos distintos. Déjenme contarles aquello que sucedió.

Un día en la mañana, tuvimos la oportunidad de compartir momentos con una de las mujeres más influyentes del pueblo donde me encontraba. Ella era muy amable. Nos invitó a mí y al equipo misionero con el cual estaba viajando para almorzar. Nos recogió en su auto lujoso y nos llevó hasta su casa. Al ingresar, quedaba en evidencia que era una mujer muy rica financieramente. La decoración del lugar —tapetes, muebles, mesa— era muy lujosa. El almuerzo claramente estaba a la altura de su estilo de vida. Lo disfrutamos, pero sabíamos que lo importante era poder tener tiempo de calidad con ella y tuvimos una conversación real y honesta con ella. Recuerdo preguntarle cómo se encontraba y cómo podíamos orar por ella. Me miró, bajó la cabeza y comenzó a llorar al mismo tiempo que compartía sus desafíos y sus problemas: su esposo la engañaba con otras mujeres y sus hijos no estaban en buen camino; uno de ellos (el mayor) tenía problemas con las drogas y malas amistades, el otro (el menor) se encontraba un poco enfermo y no le iba muy bien en la escuela.

Esta mujer estaba cansada del engaño, del vacío que sentía en su vida. Ella misma confesó que el dinero y todo lo que poseía no la hacían feliz y que quería tener paz en su casa. Deseaba restaurar su familia y entendía que el dinero no lo haría realidad, a pesar de que tenía todas las posibilidades económicas para dar a sus hijos todo lo que quisieran, pero era evidente que su familia necesitaba una restauración.

Al final de su confesión, al abrir su corazón, mencionó estas palabras: «Me siento pobre a pesar de que lo tengo todo». Conversamos con ella, le dimos algunos consejos, oramos, la animamos, le regalamos una Biblia y leí algunos versículos con ella. Finalmente, la invitamos a asistir a una de las iglesias locales del pueblo, la invitamos a conocer a Jesucristo. Ese día, en la casa de esta mujer, el Espíritu Santo vino a su vida; su llanto ya no era de dolor, sino de felicidad. En el momento de oración estrechamos nuestras manos en sus hombros, oramos con verdadero deseo de que Dios se manifestara, y así sucedió. Tuvimos la oportunidad de orar por su hijo, quien estaba en cama con mucha fiebre; después de un tiempo de adoración y oración, el chico se levantó de su cama, la fiebre y el dolor en su cuerpo se habían ido en tan solo algunos minutos. Yo estaba sorprendido nunca había visto algo similar. Jesús había sanado a este joven del virus de la fiebre amarilla. La mujer y su hijo estaban entusiasmados y sabía de alguna manera que Jesús era la respuesta. Ese día, dejamos una semilla en esa familia.

Luego de esa visita, el pastor con el cual estábamos trabajando durante el viaje misionero nos preguntó si teníamos un poco más de tiempo para visitar a una familia pobre del otro lado del pueblo; le contesté: «Es mi trabajo, por eso estamos aquí». Nos pusimos en marcha.

Llegamos a un sector un poco deprimido del pueblo: las calles estaban hechas de tierra, las casas construidas de madera rota y aluminio. Caminamos durante unos minutos dentro de aquel barrio hasta llegar a una pequeña casa. Tocamos la puerta, si a eso se le podía llamar puerta, ya que era simplemente un trozo de madera que se podía alzar con las manos. Salió una mujer con dos niños pequeños, y con una sonrisa nos preguntó cómo nos encontrábamos. Me impactó verla sonreír, no notaba tristeza, pero sentía que algo no estaba bien.

Respondí su pregunta y acto seguido le pregunté: «Usted, ¿cómo está?», y sucedió exactamente lo mismo. Bajó su mirada y comenzó a llorar. La sonrisa en su rostro desapareció, la máscara para demostrar que era una mujer feliz, simplemente, se fue. El Espíritu Santo tocó su vida en ese momento y la desnudó en el espíritu; su corazón se abrió y nos contó que tenía muchos problemas. No estaba bien, su situación financiera era terrible, su esposo la había abandonado, sus hijos padecían siempre hambre, trabajaba muy poco, ya que no podía dejar a los pequeños solos en casa. En medio de su llanto, nos compartió que se sentía realmente sola, desolada, deprimida. La situación en la cual vivía no era digna, y al final terminó con las mismas palabras que la mujer que habíamos conocido anteriormente: «Me siento pobre, no por no tener dinero, sino porque dentro de mí estoy vacía». Luego de calmar su llanto, su desahogo, tuvimos la oportunidad de orar por ella, animarla en la fe y hablarle de la esperanza que hay en Jesucristo. Le regalamos una Biblia, la animamos a visitar la iglesia y estar con otras personas, las cuales la ayudarían en su situación. Oramos por la sanidad en su vida y la transformación de su condición. El Espíritu Santo la tocó, su llanto cambió y sentía esperanza nuevamente.

El pastor le ofreció asistir a los programas de ayuda social que poseía la iglesia local. La mujer en medio de emociones e impresiones dijo: «Gracias, siento paz, siento algo diferente, gracias por venir».

Cuando terminó ese día, regresé al lugar donde descansaba con mi equipo. Recuerdo que, antes de dormir, estuve pensando en lo que había sucedido durante la jornada y Dios me habló. Me habló sobre la verdadera riqueza, porque al ver la condición de estas dos mujeres, una rica y otra pobre en extrema situación, ver cómo ambas fueron tocadas y saciadas por Jesús, trajo una convicción profunda en mi alma: la mayor riqueza es tener nuestra vida rendida a los pies de nuestro Señor Jesucristo.

Sé que no es una gran revelación, es muy obvio que en Jesús nuestras vidas toman otro sentido y somos ricos, porque Él es el Rey y nosotros administramos su reino. Qué privilegio tener la oportunidad de administrar las riquezas de Dios. Ese día, este concepto de riqueza del reino, estas enseñanzas que había escuchado antes, las historias de la Biblia guardadas en mi mente llegaron a mi corazón y lo pude entender de una manera más profunda. Tocaron mi alma y me hicieron entender que soy un hombre rico, que no debo compararme con las riquezas de este mundo porque la que yo guardo en mi corazón es mucho mayor. Fue increíble ver cómo Dios podía tocar la vida de personas tan diferentes, de dos mundos opuestos, pero ambas con la misma necesidad de Jesús.

Entender que en Jesús nuestras necesidades son completas y satisfechas es importante para vivir en paz y en riqueza. Entiendo que muchos de nosotros buscamos intensamente a Jesús en oración, porque estamos viviendo tiempos de enfermedad, angustia o atravesamos momentos difíciles. Muchas veces no encontramos la respuesta en la oración, Jesús se queda en silencio; en otros momentos, recibimos respuestas de parte de Dios que no estábamos esperando o simplemente pedimos algo y Dios nos da otra cosa diferente a nuestra petición. Esto es muy común en la vida del cristiano, pero al final Dios es soberano. No se trata de que Jesús supla las necesidades que nosotros vemos, sino las necesidades que Él considera que verdaderamente necesitamos satisfacer. Dios tiene una perspectiva más amplia. Debemos confiar en Él y esperar por su auxilio, y siempre, de una manera u otra, tendrá una respuesta para nosotros.

Quizás la mujer pobre puede recibir una casa mejor, estudios, trabajo, pero, si ella no está cubierta en sus necesidades espirituales, en sus sentimientos y emociones, entonces seguirá siendo una mujer desolada y abandonada, porque lo importante y verdaderamente prioritario es sanar su alma, restaurar su espíritu.

Si la mujer rica dona parte de su dinero a los pobres y realiza un trabajo social por otros, de qué sirve si para ella lo importante era restaurar su casa, su matrimonio, la vida de sus hijos.

Jesús conoce mucho mejor nuestra vida, nuestro corazón. Él sabe qué queremos, qué necesitamos, qué puede y qué no debe darnos; confiemos en Él. Él sabe hasta dónde nuestras manos pueden sostener. Seamos fieles a lo que Dios nos ha entregado, a la sanidad que nos ha dado, a las bendiciones que hemos recibido y a las que vendrán. Fieles a los milagros y a las respuestas que Dios nos ha traído en medio de nuestras oraciones. Seamos agradecidos con Él por lo que tenemos (y por lo que no tenemos), aun en medio de su silencio, de no ver lo que deseamos ver, de no recibir lo que estamos buscando. Seamos agradecidos con Dios por la mañana, por el día y por la noche que nos regala. Por el plato de comida que tenemos en nuestra mesa, por perdonarnos, por darnos una nueva oportunidad, por permitirnos tener familia o no tenerla. Agradezcamos a Él por permitirnos vivir fuera de peligro o en peligro intenso, porque, en medio del agradecimiento y de la confianza, se construye la riqueza, y la riqueza nos da tranquilidad.

En el libro de los Hebreos, encontramos muchas referencias sobre Jesús donde se presenta como nuestro sacerdote. Los sacerdotes israelitas nacían en la tribu de los levitas, quienes postulaban a sus varones para ejercer el sacerdocio y desde pequeños los instruían en las enseñanzas de las escrituras de la Torá. Sin embargo, Jesús nuestro sacerdote supremo, no nació en esta tribu de Levi, sino que nació en una tribu de Judá. El nombre *Judá* significa «agradezco a Dios», mientras que *Levi* significa «ley». No creo que sea una casualidad que haya sido así, pues ahora en Jesús vivimos bajo la gracia, bajo un nuevo pacto, y no bajo la ley. La gracia tiene el poder de transformarnos y de liberarnos. La gracia que hemos recibido por medio del sacrificio en la cruz nos capacita para vivir una vida agradable a Dios.

La gracia es un motivo enorme de agradecimiento a Jesús por su sacrificio, a Dios por su plan de redención a la humanidad y al Espíritu Santo por ser nuestro consolador en todo momento.

La gracia nos permite sobrepasar las circunstancias, aunque sean difíciles y ver las pruebas de la vida con los ojos de la fe.

Pidamos a Dios que nos dé un corazón agradecido, a pesar de nuestra situación o circunstancia, que nos ayude a crecer en confianza con Él. Abrir nuestra alma, nuestro espíritu y corazón, para recibir la riqueza que viene de los cielos. Guardemos esa riqueza con celo, pero al mismo tiempo compartiéndola con otros que lo necesitan; vivamos conformes a la voluntad de Jesús, y no a la nuestra, porque en nuestra voluntad perderemos la vida, pero, si perdemos la vida por causa de Jesús, entonces la ganaremos.

LAS NACIONES

Cuando toda esta aventura misionera comenzó, en el principio Dios me habló sobre la riqueza de las naciones. Sentía que era la promesa para mi vida, sin embargo, no comprendía qué significaba. Muchos de mis colegas sentían un llamado específico a cierto lugar en el mundo: China, Pakistán, Inglaterra, Francia, entre muchos otros. Algunos de ellos se encuentran en esas naciones sirviendo a Dios, tal como alguna vez lo habían sentido en sus corazones. Por supuesto, no fue tarea sencilla, yo mismo vi cómo mis colegas se preparaban y luchaban para alcanzar ese sueño. Pero yo no sentía un lugar específico, y esto en algunas ocasiones trajo confusión a mi visión personal. No sabía exactamente si tenía que ir a un lugar o país, pues todo lo que escuchaba de Dios era el siguiente versículo:

«Verás esto y te pondrás radiante de alegría; vibrará tu corazón y se henchirá de gozo; porque te traerán los tesoros del mar y te llegarán las riquezas de las naciones». Isaías 60:5.

No entendía ese versículo y por qué Dios me lo traía tantas veces a mi mente. ¿Qué significa: «Te llegarán las riquezas de las naciones»? ¿No podré viajar más porque las naciones vendrán a mí? ¿La tierra se moverá hasta el lugar donde yo estoy? Si esto fuera así, sería una lástima, me encanta viajar. Esos eran algunos de mis pensamientos y, por supuesto, me sentía desorientado al ver que otros colegas tenían claro qué harían con sus vidas y a qué parte del mundo irían a trabajar en las misiones. Pero me sorprendí de cómo Dios comenzó a abrir camino para mí.

Durante mi primer año en las misiones, visité más de dieciséis ciudades y veinticuatro pueblos alrededor de Colombia, mi país. Para mí, fue hermoso estar de la mano de pastores, líderes y hermanos en la fe; caminar por estos lugares donde tuve la oportunidad de predicar acerca de Jesús, realizando obras de teatro, saliendo a las calles, predicando en iglesias, escuelas, diferentes escenarios y plataformas, visitando pobres, ricos, presos, ancianos, niños, familias. Fue un tesoro que Dios me regaló, el poder construir su reino junto a Él, en mi propia nación. Con los años, Dios me regaló la oportunidad de visitar otros países y poder llevar a cabo este trabajo misionero. Hasta la fecha son más de veinte países donde he transitado haciendo la labor misionera.

Pero en medio de los viajes y actividades ministeriales, Dios me enseñó cuál era la verdadera riqueza de las naciones y comprendí en mi corazón que esa riqueza son las personas.

Las personas conforman familias, y las familias conforman una nación. Cuando tengo la oportunidad de compartir un tiempo con una persona, tomar un café o té (porque en realidad no me gusta el café), cenar juntos, compartir un tiempo de oración y conocernos, ahí es cuando recibo la riqueza. Porque la prioridad para el Señor es el corazón de sus hijos. Y, si mi prioridad son los viajes, ser alguien importante, tener una tarima o escenario para ser visto, entonces estoy caminando de la forma equivocada.

Durante toda esta experiencia, Él me enseñó que desea tocar el corazón de las personas, lo cual me ayudó a mantener los pies en la tierra, para vivir y ejercer el ministerio bajo la promesa. Visitar otros países me abrió las posibilidades de conocer y ver el mundo de otra forma, aprender diferentes culturas, ver tantos rostros de personas, ser testigo de tantas sonrisas y descubrir los problemas de la gente; me impulsó a tener una perspectiva diferente, y no enfocarme en mí mismo. Esto es la clave, porque aquel que pone el foco en sí mismo todo el tiempo, es decir, que vive de forma egoísta, está reflejando la pobreza de su espíritu, no tiene la capacidad de ver al otro. Si no podemos ver a los demás, estamos perdiendo la posibilidad de descubrir mundos nuevos.

Mi prioridad, así como la de Jesús, es conocer a las personas, dejar la semilla del evangelio en sus vidas. Esa es la riqueza de las naciones, es una promesa que Dios hace a sus hijos, y tú y yo somos parte de eso. Vamos por esta promesa, disfrutemos ese viaje con Jesús.

En lo personal son más de once años de ministerio y sé que Dios tiene mucho más para mí. No quiero cansarme de buscar y de insistir bajo esa promesa. ¿Cuál es la promesa que Dios te ha dado a ti? Ve y persíguela, porque si la encuentras y caminas en ella, entonces encontrarás riqueza en tu vida. No, no busques la riqueza en el mundo, búscala en las promesas y los sueños que Dios tiene para ti, porque las experiencias que vas a vivir, los desafíos que tendrás y las victorias que experimentarás serán inigualables. Traerán a tu vida crecimiento espiritual. Si caminas y persigues esa promesa, serás rico, ¿y quién no quiere ser rico en estos tiempos?

LA FAMILIA

La familia es un regalo de Dios. Dentro de una base familiar, cada niño desarrolla diferentes competencias sociales e intelectuales que le servirán de herramienta para enfrentar la vida. Nuestros hermanos, tíos o amigos juegan un papel importante en cómo nosotros desarrollamos nuestra personalidad e, incluso, pueden influenciar nuestra forma de ver la vida, de relacionarnos y cómo llevaremos nuestras situaciones de vida diaria. En mi caso, mi familia fue disfuncional y quebrantada. Mis padres se separaron cuando yo era un niño, mi madre tenía otro esposo y yo visitaba a mi padre durante las vacaciones de la escuela. Sin embargo, no siempre estuve con mi mamá, ya que de niño viví con mi abuela durante un tiempo y luego con una tía. Todos estos cambios en mi vida, en tan corto tiempo (cambiar de hogar y de adultos responsables), creó un sentimiento de abandono, de sentirme sin un lugar en este mundo. De hecho, hasta los trece años no sentí calor de hogar o de familia. Todas estas emociones lograron en mí un corazón rudo, desconfiaba de la gente, me sentía inseguro y con miedo, pero intentaba mostrarme fuerte y capaz. Sentía que así debía ser, sino alguien podría abusar de mí o sentir lástima.

Luego de mis trece años, experimenté más estabilidad; estaba junto con mi mamá nuevamente y con mi hermano. Desde ese entonces, siempre hemos estado juntos. Fue un proceso de sanar heridas y abrazar nuevamente el concepto de familia y sobre todo perdonar a los adultos por hacer cosas estúpidas, que, sin ser conscientes de ello, lastiman profundamente a los niños.

Dios me enseñó a liberarme de rencores, me instruyó en una vida en donde podía ver más allá de los errores de mis padres y amarlos sin condición alguna. Él me guio a honrarlos y respetarlos, aunque tuviera motivos para no hacerlo. Y debo decir que ha sido una riqueza enorme poder vivir mis días en paz, sin ningún tipo de cuenta pendiente con alguno de mis padres, hermanos o familiares. Me siento un hombre rico, porque vivo mis días sin odio, rencor o dolor por el pasado. Claro que no tengo una familia perfecta, pero, ante situaciones difíciles, es Dios la fuerza para seguir adelante y vencer los obstáculos.

«Y si una familia está dividida contra sí misma, esa familia no puede mantenerse en pie». Marcos 3:25.

«Les suplico, hermanos, en el nombre de nuestro Señor Jesucristo, que todos vivan en armonía y que no haya divisiones entre ustedes, sino que se mantengan unidos en un mismo pensar y en un mismo propósito». 1 Corintios 1:10.

«Honra a tu padre y a tu madre, para que disfrutes de una larga vida en la tierra que te da el Señor, tu Dios». Éxodo 20:12.

Por otra parte, me siento bendecido de poder estar con mi esposa y juntos poder acompañar a nuestros hijos en el camino de la vida; guiarlos y verlos crecer es sencillamente hermoso. La familia que Dios me ha permitido construir es para mí una de las riquezas más grandes que he recibido de parte de Dios y, al mismo tiempo, se convierte en una responsabilidad. Toda riqueza obtenida se disfruta, pero se debe cuidar y proteger. Aunque en mi vida de niño no fue así. No tengo recuerdos de haber vivido con mi padre, y mi madre tuvo que trabajar mucho para tener algo de dinero y suplir las necesidades básicas, por lo tanto, pasé poco tiempo con ella. Podría excusarme y decir que no tuve buenos ejemplos en mi vida y, por lo tanto, no saber cumplir mi rol de padre y esposo. Sin embargo, veo cómo Dios ha sido quien me ha enseñado a vivir de la mejor manera posible esta etapa de mi vida de padre y esposo. Dios me ha enseñado a disfrutar de mi familia y disfrutar los pequeños momentos. Cocinar para mis hijos, jugar con ellos, que mi hija me pinte las uñas, construir trenes, jugar con la pelota, cortar el pasto del jardín con mi hijo (aunque es una de las tareas de casa que menos me gusta hacer), pintar juntos la casa, pasear con las bicicletas; pueden ser actos simples, pero al estar con ellos se convierten en momentos mágicos e incomparables. Son esos momentos los que me dejan ver la riqueza que hay en la familia.

Definitivamente, la riqueza no se mide en cuánto dinero poseen nuestras cuentas o la posición social en la que nos encontremos. Sino en permitir una sanidad de nuestro pasado y construir un mejor presente, vivir tranquilo contigo mismo y con los demás. Esa tranquilidad tiene mucho que ver con la capacidad de sentirnos satisfechos con aquello que hemos recibido de Dios. Sentirme bien, aunque no tengo todo lo que desearía, y sentirme agradecido en todo tiempo por lo que Dios me ha permitido tener. Es difícil procesar esta idea. ¿Cómo se puede estar agradecido y tranquilo por algo que no tengo o no he recibido? Pero debemos poner la mirada en los propósitos que Él tiene para nuestras vidas y, sobre todas las cosas, confiar en Él.

«Bendito el hombre que confía en el Señor y pone su confianza en él. Será como un árbol plantado junto al agua, que extiende sus raíces hacia la corriente; no teme que llegue el calor y sus hojas siempre están verdes. En época de sequía no se angustia y nunca deja de dar fruto». Jeremías 17:7-8.

¿Qué es la confianza? En el camino de la vida existen muchos obstáculos y nosotros no tenemos la certeza de qué sucederá en el futuro. Podemos tomar decisiones que nos ayuden a orientarnos hacia aquello que buscamos y que nos llevan aparentemente por el buen camino, pero la verdad es que tener el control absoluto de nuestras vidas es imposible. En ocasiones suceden cosas que no esperábamos.

«Esta es la confianza que tenemos al acercarnos a Dios: que, si pedimos conforme a su voluntad, él nos oye». 1 Juan 5:14.

La confianza es acercarnos a Dios cada día de nuestras vidas, permitirle ser parte absoluta de nuestras decisiones, dejar que su voluntad buena y perfecta se manifieste en nosotros, vivir sus deseos y planes para nosotros; eso es vivir en confianza. Dios conoce todas las cosas, Él creó el mar, dio sabiduría a los hombres para construir barcos, conoce lo profundo y ancho del océano. Entonces, quién mejor que Dios mismo para conducir nuestro barco, cederle el control, y confiar en que Él nos llevará por este viaje de la vida, donde el destino será un lugar que Él ha preparado para nosotros.

Antes de casarme y tener hijos, no confiaba en mí mismo para lograr construir un hogar. Tenía pánico y, debido a mi historia de niño, no tenía las mejores bases ni ejemplos. Aunque era mi sueño ser padre y esposo, no sabía cómo hacerlo, tenía el temor de fallar. Hoy me sigo dando cuenta de que no puedo y que debo dejar que Dios me ayude. Confiar en sus consejos, acercarme para recibir lo que Él sabe que yo necesito en momentos de presión o angustia. Dejar que Dios me use para bendecir a mi esposa e hijos, renunciar a mis deseos personales por los deseos de Él para nuestro hogar. Amo a mi familia, amo a mi esposa con todo mi corazón, pero no solo es amor de ambos la fuerza de nuestro matrimonio, sino que es el amor de Dios en nosotros y nuestra confianza en Él para vivir este viaje. Aun en tiempos difíciles, confiar y dejar que Él sea el centro de todas nuestras cosas.

EL ÉXITO

La palabra *éxito* puede estar acompañada de motivación, frustración, presión, entre otras muchas cosas; depende de cómo lo entienda y viva cada persona. Dios tiene un concepto de éxito muy distinto del que hemos aprendido nosotros a través de la sociedad, porque esta mide el éxito dependiendo de los logros obtenidos, premios, posición social, posesiones, porque cuanto más cosas lujosas y costosas tengas más exitoso eres. Este es el concepto que muchos persiguen y dan su vida por tenerlo. No quisiera que me malinterpreten, tener todas estas cosas no está mal. Pero no necesariamente miden el éxito, no son muestra de que eres un hombre o mujer de éxito para Dios, ya que esto viene de estar en el centro de la voluntad de Él, cumpliendo los planes que tiene para tu vida. Veamos este concepto de éxito a través de la Biblia.

Isaac, hijo de Abraham, y su esposa Rebeca tuvieron gemelos llamados Jacob y Esaú. Antes del nacimiento de los gemelos, Dios le dijo a Rebeca: «Tus hijos son muy diferentes uno del otro, uno de ellos será líder de un pueblo que será más fuerte que el otro, y el hijo mayor servirá al menor». A medida que los niños crecían, sus gustos eran diferentes: Esaú era bueno para cazar y disfrutaba de hacer cosas fuera de casa, en cambio, a Jacob le gustaba quedarse en casa y hacer cosas solitariamente. Como Jacob se quedaba tanto en su casa, aprendió a cocinar con su madre. Un día preparó un poco de su delicioso estofado que les gustaba a todos; Esaú había salido a cazar temprano en la mañana y estaba muy hambriento, tanto que incluso podía oler el estofado a la distancia.

Cuando Esaú llegó a casa, le dijo a Jacob: «Pronto, dame un poco de tu estofado, ¡me muero de hambre!». A lo que Jacob contestó: «Primero dame tus derechos de primogénito».

Si analizamos, Esaú tendría que decir: «No, es algo especial para mí, porque todo regalo que recibo es regalo de Dios». Pero, en cambio, solo podía pensar en lo hambriento que estaba y dijo: «Sí, puedes tener mi derecho de primogénito, solo dame un poco de comida porque me muero de hambre».

Esaú cometió un error al escoger la comida por encima de su derecho de primogénito. En otras palabras, renunció al plan de Dios para su vida, persiguió sus deseos, y no le dio valor a la posición que tenía como hermano mayor y las bendiciones que podría recibir por serlo. No importa la posición social que tengas en tu vida, importa la posición que Dios te ha dado aquí en la tierra, lo cual debes valorar y vivir con la visión de lo que Él te ha dado. No eres un fracasado si solo eres un padre de familia en casa cuidando de tus hijos, porque, si esa es la voluntad de Dios para ti, entonces eres exitoso por caminar en su voluntad. Si solo eres un simple trabajador en una empresa sin ningún tipo de aspiraciones financieras, pues tranquilo, eso no define tu éxito.

Éxito es estar en el lugar que Dios quiere que estés y asumir tu posición de hijo embajador y representante de su reino. No te dejes engañar por los estatutos del mundo, no eres menos o más por tus títulos ni por el lugar de trabajo: eres quien eres en Dios.

Esaú tomó una decisión que no podía cambiar y decepcionó a Dios en el momento que no visualizó la importancia de su progenitura, la cual significaba una herencia de parte de Isaac, según las costumbres judías de la época. Perdió todo por un plato de estofado. ¿Vas a perderte la herencia de Dios para tu vida por un plato de éxito según la sociedad?

La siguiente parte de esta historia es sobre Jacob. Isaac estaba envejeciendo y ya no podía ver. Quería darle a su hijo mayor, Esaú, su favorito, su bendición antes de morir. Esta bendición era la promesa especial que Dios le había dado a Abraham.

Isaac disfrutaba la comida que cazaba Esaú, así que le dijo que fuera a cazar y preparara una comida especial para él, y que luego le daría su bendición. Rebeca oyó por accidente a Isaac cuando le hablaba a Esaú, entonces, corrió a contarle a su hijo favorito, Jacob:

—Tu padre está a punto de darle la bendición a Esaú y yo quiero que tú la recibas en lugar de él. Debes ir y traerme dos de nuestras cabras, yo las prepararé de la forma en que le gusta a Isaac. Luego le llevarás la comida y él te dará a ti la bendición.

Jacob respondió:

—Pero, madre, Esaú es un hombre peludo. ¿Qué pasa si papá me toca y se da cuenta de que lo estoy engañando?

Entonces, su madre le dijo que no se preocupara, que podía vestir las ropas de Esaú y poner pelo de cabra en sus manos y cuello, así Isaac nunca lo sabría. Así lo hicieron y Jacob fue a ver a su padre fingiendo ser su hermano mayor.

—Hola, papá —dijo Jacob.

—Hola, ¿quién eres? —preguntó su padre.

—Soy yo, Esaú. Te he traído la comida que querías y ahora me puedes dar mi bendición —mintió Jacob.

—Acércate para tocarte y saber que eres realmente mi hijo mayor, Esaú —contestó Isaac.

Así que Jacob se acercó a Isaac y este sintió sus manos y dijo:

—Tu voz es como la de Jacob, pero tus manos son como las de Esaú. ¿Eres realmente Esaú?

Y Jacob decidió mentir nuevamente:

—Lo soy.

Así que Isaac comió y cuando terminó dijo:

—Ven y dame un beso.

Cuando Jacob fue a besarlo, Isaac olió las ropas que vestía, solo para asegurarse de que oliera como Esaú. Creyendo realmente que era su hijo primogénito quien estaba delante de él, Isaac le dio su bendición. Tan pronto como Jacob había terminado de recibir la bendición, creyó haber oído que Esaú se acercaba, así que se escabulló rápidamente por la parte de atrás de la tienda. Y apenas se estaba alejando cuando Esaú entró a la tienda con la comida que había preparado para su padre.

Su padre preguntó:

—¿Quién eres?

—Soy yo, tu hijo Esaú. Estoy aquí para recibir mi bendición —dijo Esaú confundido.

—Acabo de darte tu bendición.

Entonces, Isaac comenzó a darse cuenta de que había sido engañado, tal como lo había pensado. Esaú comenzó a llorar y a gritar:

—¡Bendíceme a mí también, padre!

—Ya no quedan más bendiciones —dijo su padre tristemente.

Esaú estaba muy disgustado con su hermano Jacob por lo que había hecho, así que Jacob tuvo que huir para ponerse a salvo. Jacob, el suplantador o engañador, quería lograr el éxito por medio de trampas y mentiras.

Saltar los procesos de la vida para llegar lo más rápido posible al éxito que se desea alcanzar no es la manera más sabia de actuar.

Tal como Dios lo había anticipado, Jacob sería el líder y su hermano mayor le serviría, entonces, no necesitaba la bendición de Isaac, porque no era su destino.

Cuántos de nosotros perseguimos objetivos en la vida que no nos corresponden, que no son parte del destino que Dios nos ha preparado. Si estamos fuera del centro de la voluntad de Él, estamos perdidos, aunque creamos que hemos logrado pasos importantes. Así lo pensó Jacob al robar la bendición de Esaú. Aunque, más adelante en la historia, queda demostrado que Jacob también fue engañado, tal como lo hizo con su padre. ¿Cómo? tuvo que esperar siete años para casarse con la mujer que él quería, ¡y luego fue engañado con la mujer equivocada!

Puedes tener la iglesia más grande y más relevante en la ciudad, ser el pastor más reconocido y respetado por la comunidad cristiana, pero, si no son los planes de Dios o si no es lo que Dios te ha comisionado a hacer, entonces fracasaste. Conocí un líder social cristiano que hacía un trabajo increíble, tenía mucho «éxito», admirado por muchos, un hombre inteligente e interesante. En una ocasión de conversación entre amigos, me dijo: «Yo soy un Jonás escapando de la ballena para que no me coma; sé que no debo estar aquí haciendo este trabajo, pero me va muy bien, soy influyente. Debería estar en otro lugar, pero no quiero ir. Aquí estoy bien», fueron las palabras de un hombre exitoso para el mundo. Pero este líder sabía en su corazón que estaba escapando de la voluntad de Dios para su vida. Entendía cuál era su tarea asignada por Dios, pero no quería seguir ese plan. Disfrutaba lo que tenía de momento y la influencia que estaba alcanzando. ¿Vale la pena vivir así, lejos de la voluntad de Dios, persiguiendo deseos y planes personales? Mi respuesta es NO. Vale la pena hacer la voluntad del Creador, cueste lo que cueste. No todos estarán de acuerdo conmigo en este punto, pero vale la pena sufrir por Cristo.

«¿Qué busco con esto: ganarme la aprobación humana o la de Dios? ¿Piensan que procuro agradar a los demás? Si yo buscara agradar a otros, no sería siervo de Cristo». Gálatas 1:10.

A veces, seguir a Jesús es ir en la dirección contraria a lo que el mundo cree correcto; en ocasiones, incluso, desilusionar a las personas, porque ellos esperan algo de nosotros. Esto produce que personas de nuestro entorno nos rechacen o comenten de forma negativa. Seguir a Jesús puede llevarnos a la persecución, escatimarnos, ser odiados, entre muchas otras cosas.

La Biblia habla acerca del sufrimiento por amor a Cristo en diversos versículos bíblicos. Jesús nunca promete que la vida en la tierra será fácil. Nunca dijo: «Cree en mí y tu vida será mágicamente perfecta», porque así no funcionan las cosas en el reino de Dios. Podemos ver la vida de los apóstoles. Luego de la partida de Jesús, tuvieron muchos desafíos en sus ministerios: los mismos religiosos los persiguieron e incluso once de ellos fueron torturados y asesinados por causa de la fe en Cristo. ¿Quiénes somos para exigir una vida llena de relajo y placer? Estamos en tiempo de gracia, pero no debemos confundirlo con pasividad y beneficio propio.

La obra de la gracia en nuestras vidas también nos capacita para hacer la obra de Dios y vivir en función de la misión de Dios para la humanidad. Por supuesto que la gracia nos libera del pecado y de la ley, pero, ahora que eres libre, ¿qué vas a hacer? Dios nos anima a caminar en sus planes y no estar en un estado de miseria en el cual nos comportamos como victimarios del pecado. Es decir, queriendo hacer lo bueno, pero al final haciendo lo malo. Justificar nuestra naturaleza pecaminosa para darnos por vencidos y no reconocer que es necesario cambiar nuestro estilo de vida, eso significa rechazar la gracia. Si Jesús vive en ti, entonces eres una nueva criatura y en Jesús hay libertad de tus propios deseos pecaminosos; no hay excusa alguna para el pecado, la pobreza espiritual y la falta de fe. Somos nosotros quienes debemos en intimidad ir más allá de las cosas que hasta hoy conocemos de Dios, pues Él está dispuesto cada día a revelarse de formas sobrenaturales a nosotros a fin de que conozcamos sus propósitos y su destino para nuestras vidas. Una vez que camines en ese propósito de Dios para tu vida, serás un hombre o una mujer con éxito.

«Por lo tanto, ya no hay ninguna condenación para los que están unidos a Cristo Jesús, pues por medio de él la ley del Espíritu de vida me ha liberado de la ley del pecado y de la muerte». Mateo 5:10.

Un seguidor de Cristo no solo tomaría la gracia para sentirse bien por el hecho de que Jesús ya lo perdonó, sino que predicará la libertad en Jesús a toda costa, antes de que llegue el fin de los tiempos.

«Dichosos los perseguidos por causa de la justicia, porque el reino de los cielos les pertenece». Mateo 5:10.

Jesús también les recuerda a sus discípulos que Él fue herido y rechazado. Podemos encontrar allí la motivación necesaria para seguir el camino del éxito, aunque en ocasiones se torne difícil e incluso turbio, con la mirada puesta en el reino de los cielos, sin mirar hacia ningún otro lado.

«Si el mundo los aborrece, tengan presente que, antes que a ustedes, me aborreció a mí». Juan 15:18; Mateo 5:10.

El éxito está al alcance de nuestras manos, porque, aún en medio de las dificultades, la promesa del espíritu de Dios está cumplida. Él está aquí en medio de nosotros, y es el Espíritu quien nos capacita para seguir la perfecta voluntad de Dios.

4
EXPERIMENTANDO UN PODER FUERA DE ESTE MUNDO

Poder significa «la capacidad o la potestad para hacer algo». La palabra proviene del latín (*potere*), que significa «ser capaz o tener la capacidad». Esta palabra en latín puede funcionar como un sustantivo o un verbo. Como sustantivo, *poder* puede significar varias cosas: «el dominio, imperio, facultad o jurisdicción que tiene alguien para ordenar algo, poseer algo ya sea material o no, poder para decidir entre otros». Como verbo, designa «el hecho de tener la facultad o la capacidad de hacer algo en todos ámbitos de la vida». Cuando decimos que Dios tiene poder, entonces, estamos declarando que Él tiene la capacidad de hacer cosas a su voluntad. Las tres características del poder de Dios son las siguientes: Dios omnipotente, omnisciente y omnipresente. La omnipotencia también es denominada como *todopoderoso*. Dios tiene la cualidad de ser todo y el más poderoso en algo. Lo que quiere decir *Dios con omnipotencia* es que es capaz de hacer todo lo que quiera realizar, y esto quiere decir que no va a tener ningún tipo de dificultad en hacer lo que está planeando. Dios es todopoderoso, y no hay nada imposible; nada que no pueda crear si no existe, ni algo que no pueda quitar si ya existió.

Omnisciente es la cualidad que tiene Dios de saber y conocer todo de la vida y del universo. Dios es la persona más sabia que cualquiera otra. Esta palabra engloba y va por encima de todas las ramas de las teorías y ciencias que puedan existir en la historia de toda la vida humana.

Y, por último, la Biblia describe que solo Dios es *omnipresente*. Solo Dios tiene la capacidad de estar en todos los lugares y al mismo tiempo.

EL PODER

La capacidad de Dios para hacer su voluntad es infinita. Nos resulta imposible comprender la magnitud de su fuerza y poder, es por eso que Dios ilustra esta cualidad de diferentes maneras. Por ejemplo, Él simboliza su fuerza y poder con un toro salvaje llamado Uro, especie que hoy se encuentra extinta, pero era un animal fuerte y vigoroso. En la antigüedad, durante los trabajos de pastoreo y siembra, era realmente peligroso encontrarse con toros salvajes, porque eran rudos y su voluntad resultaba inquebrantable.

Los hombres son seres minúsculos e impotentes en comparación con el Dios de poder, Jehová, a cuyos ojos grandes naciones se comparan con polvo sobre una balanza.

«A los ojos de Dios, las naciones son como una gota de agua en un balde, como una brizna de polvo en una balanza. El Señor pesa las islas como si fueran polvo fino». Isaías 40:15.

A diferencia de cualquier gobernante, o fuerza y poder que pueda tener un animal, Dios tiene poder infinito y por esto recibe la designación de *Todopoderoso*.

«Y cantaban el himno de Moisés, siervo de Dios, y el himno del Cordero: "Grandes y maravillosas son tus obras, Señor Dios Todopoderoso. Justos y verdaderos son tus caminos, Rey de las naciones"». Apocalipsis 15:3.

Dios posee energía dinámica. Él es fuente inagotable de poder.

«Alcen los ojos y miren a los cielos: ¿Quién ha creado todo esto? El que ordena la multitud de estrellas una por una y llama a cada una por su nombre. ¡Es tan grande su poder, y tan poderosa su fuerza, que no falta ninguna de ellas!». Isaías 40:26.

No depende de nada ni de nadie para ejercer su poder, la fuerza pertenece a Dios. No necesita de cosas externas, pues Él mismo creó el poder y la fuerza.

«Una cosa ha dicho Dios y dos veces lo he escuchado: Que tú, oh, Dios, eres poderoso». Salmo 62:11.

Es importante que creamos en el poder de Dios. Estar conscientes en forma personal del poder de Dios y de cómo este transforma nuestras realidades. Consideremos estas ilustraciones de la manera en cómo el poder de Dios transformó las vidas de varios hombres de la Biblia.

Abraham creyó que el poder de Dios era suficiente como para permitirles a él y a su esposa Sara tener un hijo, porque ya eran ancianos y, además, Sara era estéril. Dios tenía el propósito de darle a Abraham un hijo, de manera tal de demostrarle su poder, haciendo, en forma milagrosa, que Sara, una mujer ya anciana y que había sido estéril toda su vida, concibiera un hijo. Esto aumentó la fe de Abraham.

La fe de David en el poder de Dios le dio la capacidad y la preparación para luchar contra Goliat, el gigante que arrogantemente dijo blasfemias en contra de Dios. David tenía confianza, no en sus habilidades naturales, sino en el poder de Dios para silenciar al pagano, matando a Goliat usando su honda.

La vida de Daniel y de sus tres amigos, registrada en el libro de Daniel, nos entrega otro ejemplo de la forma en que la fe en el poder de Dios hace de los hombres de fe, héroes de la fe. Cuando Daniel se negó a dejar de orar a Dios, el rey Darío lo envió al foso de los leones, lugar donde el poder de Dios se manifestó liberando a Daniel de la furia de estos animales.

Nadie que tome la Biblia seriamente puede negar el poder de Dios. Él es omnipotente, Él es todopoderoso. Esta verdad transformó la vida de muchos hombres en el pasado y puede transformar las nuestras hoy día.

He visto el poder de Dios manifestándose en la vida de muchas personas, pero algo que ha tocado especialmente mi corazón ha sido ver este poder manifestado en la vida de niños y niñas. Me encontraba en un tiempo intenso de oración con mi equipo, pues estábamos preparándonos para realizar un viaje de dos meses por la costa colombiana, estaríamos visitando diferentes pueblos y ciudades de la región. La meta principal de este viaje era presentar una campaña sobre la prevención y abuso sexual infantil. Teníamos la oportunidad de visitar diferentes escuelas, jardines para niños, participar de eventos públicos masivos al aire libre, entre otras actividades donde el público por alcanzar eran niños. Como equipo nos estábamos preparando espiritualmente para esto, pero también estábamos orando a Dios para que nos diera ideas prácticas, creativas y divertidas con las cuales los niños entendieran este tema y lograran tener las herramientas necesarias para prevenir situaciones de abuso sexual.

Yo no tenía ninguna experiencia en este tema y, siendo honesto, no acudí a ningún libro o experto sobre el asunto, pero lo que fue sorprendente de parte de Dios fue que, durante esos tiempos de oración, Dios nos entregó un concepto y un método. Recuerdo que en tiempo de oración tuve en mi mente las imágenes y palabras que debíamos usar para la campaña, otros compañeros recibieron las ideas para los juegos y obras de teatro. Realmente sentí cómo Dios nos estaba revelando sus ideas.

Al final, teníamos un *show* colorido y divertido para niños, donde enseñábamos por medio de teatro, música y juegos sobre la prevención y abuso sexual a menores de edad. Después de tener todo preparado y antes de iniciar nuestro viaje, nos acercamos a la oficina del Gobierno de la región para presentar nuestro proyecto. Una persona de la oficina del Gobierno, la cual era un psicólogo profesional en el área de abuso y prevención infantil, nos dijo que nuestro concepto y método de aplicación de nuestra campaña tenía una gran base académica y psicológica. Esto fue para mí la primera manifestación del poder de Dios, pues cinco jóvenes que no tenían ninguna idea sobre el tema habían logrado tener un concepto sólido y avalado por las instituciones del Gobierno; a causa de esto, el mismo Gobierno del área nos brindó su apoyo con material y permisos para no tener ningún problema para entrar a las escuelas y jardines; incluso, después de nuestro viaje de dos meses, el Gobierno encargado nos contactó de nuevo para capacitar a trabajadores sociales y continuar llevando esta campaña a otros pueblos. Pues nuestro trabajo con esta campaña era solo por dos meses, ya que teníamos otros compromisos y otras actividades en el ministerio misionero. Sin embargo, fue muy gratificante saber que otros seguirían haciendo este trabajo.

Pero permítanme contarles qué pasó en esos dos meses con la campaña y con los niños. La primera vez que nos presentamos fue frente a veinte niños de primer grado de una pequeña escuela. Después del *show*, notamos que algunos niños estaban bastante pensativos y sentimos que era necesario dar la oportunidad para que aquellos niños quienes tuvieran preguntas o comentarios se acercaran a nosotros en un espacio menos público y más privado, es decir, sin la presencia de otros niños.

Esta actividad la hicimos siempre después del *show* y la llamamos Círculo de confianza. Cuatro niños hablaron con nosotros la primera vez. Fue increíble cómo estos niños abrieron sus corazones, pues habían vivido algún tipo de abuso en sus vidas por parte de personas adultas cercanas a ellos. En medio de la conversación, fuimos muy intencionales con ellos para que fuera Dios quien trajera sanidad espiritual, mental y física a sus vidas. La presencia de Dios era tan real que estos niños, en medio de sus lágrimas, experimentaban libertad. No eran niños cristianos y, sin embargo, uno de ellos, en medio de nuestra conversación, tuvo una visión donde Jesús vino a él para restaurar su cuerpo y devolver su identidad como niño. Algunos de ellos recibieron la fuerza del Espíritu Santo para perdonar a quienes los habían lastimado. Una de las niñas sintió cómo Dios restauraba su cuerpo después de haber vivido episodios de abuso sexual. Esta niña nos dijo: «Hace mucho tiempo no sentía tanta felicidad». El poder de Dios para transformar, restaurar y liberar había sido manifestado en la vida de estos cuatro niños. Por supuesto, estos casos fueron expuestos y denunciados con la ayuda de los maestros a las autoridades del Gobierno, pero nuestro viaje hasta ahora empezaba.

Realizamos más de veinticinco *shows* sobre prevención y abuso sexual, presentándonos a más de mil quinientos niños en las diferentes ciudades y pueblos. Lo que sucedió con estos cuatro niños en el principio de nuestro viaje sucedió también en cada Circulo de confianza que realizamos, donde Dios manifestó su poder de una forma sobrenatural en la vida de más de cien niños. La forma en cómo Dios se movió fue tan poderosa que la mayoría de estos niños tuvieron visiones, manifestaciones del Espíritu Santo, profecías y sanidades. Nunca había visto algo como esto en las nuevas generaciones y sobre todo en niños no cristianos. Esto es el poder de Dios.

RECIBIR

¿Cómo podemos recibir el poder de Dios? Es una pregunta que muchos cristianos nos planteamos en algún momento de este camino que recorremos siguiendo los pasos de Jesús.

Antes de poder responder esa pregunta, deberíamos cuestionarnos algo mucho más profundo: ¿Para qué queremos recibir poder?

La meta para recibir poder de Dios debe ser para usar este poder a favor de los planes de Dios para este mundo y no para mi propio beneficio. Por otra parte, la forma de recibir el poder de Dios es recibir a Jesús en nosotros, pues Él es la fuente de poder. Él es poder, además, Él es amor en persona.

Activemos nuestra fe, pues la fe es necesaria para recibir su poder. Si no crees que el poder de Dios está en ti, entonces así será. Es la fe la que mueve montañas, es por medio de la fe que puedes ver el poder de Dios en acción.

«La fe es la certeza de lo que se espera, la convicción de lo que no se ve». Hebreos 11:1.

Si no tenemos fe, se nubla nuestro entendimiento y aunque Dios nos abra los cielos no lo podremos ver. Fe en Dios y en su palabra, sabiendo que todo aquello que Él nos ha prometido es verdadero y suficiente para nuestras vidas; es toda aquella luz que necesitamos en nuestro camino. Sin fe, estamos perdidos, porque la fe supera todo lo imposible; es todo lo que Dios nos ha prometido y aquello de lo que debemos tomar posesión, porque Él ya nos lo ha dado.

Dios nos dio su poder para llamar las cosas que no son como si fuesen. Porque Él se perfecciona en nosotros y en nuestra debilidad. Confiar por completo en su palabra, depender de Él y ponerlo en el centro de nuestras vidas son factores que nos permitirán recibir el poder de Dios.

«Te basta con mi gracia, pues mi poder se perfecciona en la debilidad». 2 Corintios 12:9.

Solo tenemos un paso por delante: confiar, obedecer y orar ante Dios con corazón humilde. Confiar en Dios, plenamente, sin dudarlo. Obedecer su palabra, entendiendo que es suficiente para nuestras vidas. Orar para lograr someternos a su voluntad.

Recibiremos el poder de Dios, pronunciaremos palabras de fe, los muertos cobrarán vida y nuestra vida se verá restaurada.

«Háblale a la roca y de ella brotará agua». Números 20:8.

Sin fe no hay poder de Dios en nuestras vidas. Si le hablamos a la roca, de ella brotará agua. Nuestra fe es aquella que atraviesa lo imposible.

Pero ¿qué es la fe? La fe no es un sentimiento, es un acto de voluntad; no tiene que ver con las emociones, pues no es una especie de pensamiento positivo. Aunque la fe se produce en el alma, es lo que sustenta nuestro espíritu. La fe es una evidencia, es decir, es una realidad en nuestras vidas.

La fe que Jesús nos enseña es la fe que nos acerca a la gracia de Dios de una forma práctica. Es una fe que se puede demostrar. En otras palabras, es una fe que puede llegar a ser visible. En la Biblia tenemos varios testimonios de hombres de fe que por medio de sus actos reflejaron la verdadera fe.

La palabra *fe* en el original griego es *pistis*. Está en los textos originales del Nuevo Testamento cuando Pablo y otros apóstoles escribieron sobre fe utilizando este término griego. Esta palabra, *pistis*, hace referencia a un número de elementos o cualidades que se le atribuyen a lo que la fe es.

Tener confianza plena, seguridad en Dios, fidelidad, juramento y compromiso es lo que la fe significa.

Cada uno de sus elementos o cualidades están interconectados entre sí, es decir, cuando queremos hablar acerca de la fe es imposible separar todos estos elementos, porque todos ellos forman el concepto de la fe. No podemos hablar de la fe en cuanto a la confianza sin mencionar el compromiso que tenemos delante de Dios. No podemos hablar de la fe en cuanto a la seguridad en Dios sin mencionar que debemos ser fieles a Dios.

Esto no quiere decir que solo por medio de las obras yo tengo la fe suficiente para recibir la gracia, porque no es así. Esto quiere decir que, cuando yo he sido impactado de una forma sobrenatural por la gracia de Dios en mi vida, entonces mi fe es activada, yo creo con total plenitud en Él, y esta fe, lo que produce en mí, es una fidelidad a mi Dios en tiempos buenos y en tiempos malos; en situaciones de tristeza o de alegría, yo seré fiel a Dios y confiaré en Él por encima de todas las cosas. Mi compromiso es que doy todo lo que tengo y lo que soy, muero por la causa de Cristo, renuncio a mí mismo porque he entendido que no vivo yo, mas Cristo vive en mí. Puedo demostrar con mis hechos, con mis palabras, pero sobre todo con mi estilo de vida, el resultado de mi fe.

Permítanme organizarlo de la siguiente manera: una vez que hemos sido impactados por la gracia, una vez que hemos entendido qué es la gracia, entonces esto despierta en nosotros una fe que a su vez nos da la oportunidad de desarrollar frutos en nuestra vida cristiana. Lo que muchos religiosos enseñan es que debes primero hacer las obras para tener la fe suficiente y poder recibir la gracia, pero no es así. La gracia ya fue dada y por medio de la fe aceptamos la gracia, pero los frutos de esa fe son la obediencia, la fidelidad, el compromiso, el juramento y la confianza. Esa es la fe que la Biblia nos anima a tener, una fe de frutos, una *pistis*.

Una fe sin frutos es simplemente una idea banal y, en el antiguo griego, este tipo de fe era llamada *pisteo*. Mucha gente dice: «Yo creo en Dios». Paradójica y lamentablemente, el diablo también cree en Dios:

«¿Tú crees que hay un solo Dios? ¡Magnífico! También los demonios lo creen, y tiemblan». Santiago 2:19.

El diablo sabe que lo que dice la Biblia es verdad y que tiene su cumplimiento en su tiempo, pero no quiere que eso ocurra. De igual manera, hay quienes creen que lo que dice la Biblia es verdad, pero no quisieran que eso fuera así. Estos son los enemigos de la fe. Por otro lado, están los teóricos de la religión, los contempladores de la verdad, pero que no son de la verdad, pues conocen la verdad, pero no la viven ni la quieren vivir; se engañan a sí mismos dentro de su teología para calmar las angustias y heridas de sus corazones, negándose la oportunidad de una vida plena y real en Jesús. Ellos tienen una fe intelectual, un *pisteo*, pues no experimentan lo que en sus mentes creen.

La fe (*pistis*) es, entonces, una fe viva que trasciende nuestra mente. En lo personal, lo que toca profundamente mi corazón es que, aunque yo esté viviendo en una fe sin frutos, la gracia de Dios sigue estando frente a mí e invitándome cada mañana para crecer en mi fe. Dios nos conoce, conoce las motivaciones de nuestro corazón y Él entiende lo difícil que puede llegar a ser tener una fe verdadera. Por otro lado, no estamos solos, pues la ayuda de Dios está disponible para crecer en nuestra fe.

De eso se trata la vida cristiana, de tener una dependencia de Dios, vivir un proceso diario en el cual estamos buscando una intimidad profunda con Jesús. De esto se trata la vida cristiana, de crecer en nuestra fe, imitar a Jesús, ser transformados, desafiados a ir por más, disfrutar de su gracia y favor, de mejorar como seres humanos, de moldear nuestro carácter. Por eso creo que la fe (*pistis*) es, sin duda, un factor característico para ser cristianos maduros. Una vez que entremos en esta dimensión de fe, vamos a tener la oportunidad de experimentar, recibir y ser testigos del poder de Dios. Ser testigos no solo por un momento o episodio en nuestras vidas, sino ser testigos del poder único de Dios en el transcurso de nuestras vidas.

SOBRENATURAL

Me encontraba en la ciudad de Cali, Colombia, en una de las iglesias locales donde había sido invitado para predicar en el culto de oración un sábado en la noche. Durante la prédica me sentí muy cómodo. El tema del que estaba hablando era el correcto y la gente lo estaba recibiendo profundamente en sus corazones. Terminé la prédica con una pequeña oración y entregué el micrófono al pastor.

Recuerdo que él continuó orando y se alargó un poco más de lo normal, pero durante la oración sentí en mi corazón la necesidad de interrumpirle y preguntarle si podía tomar nuevamente el micrófono. Sentía que Dios quería hacer algo sobrenatural en esa iglesia.

Por supuesto que no es nada fácil, en medio de una oración final del pastor, interrumpir; es por eso que tuve una lucha en mi corazón, dudando si debía hacerlo o no. Pero la sensación era tan intensa que dejé de lado mi orgullo y la vergüenza, para hacer lo que Dios me estaba mandando que hiciera. Tomé valor y dije: «Dios, ayúdame».

Me levanté de mi silla y me acerqué al pastor para hablarle muy despacio diciéndole: «Pastor, perdón por interrumpirle, ¿podría tomar de nuevo el micrófono? Creo que Dios quiere hacer algo especial esta noche». Me miró sorprendido, con sus ojos muy abiertos e inmediatamente finalizó la oración con un fuerte «amén» y, acto seguido, me dio nuevamente el micrófono.

Ahora, estaba yo en la plataforma con el micrófono en mano luego de haber terminado mi prédica.

Tenía una sensación: Dios quería sanar a una mujer con problemas en su brazo. Yo solo recibí ese mensaje de su parte. Entonces, hablé hacia toda la iglesia diciendo: «¿Hay aquí alguna mujer que tiene un dolor o problema en su brazo?». Dos minutos en silencio. Comencé a pensar que había cometido un error, sin embargo, repetí la pregunta.

Nuevamente silencio, nadie respondió y me llené de dudas y vergüenza. Pregunté por tercera y última vez: «¿Hay alguna mujer aquí presente que tenga un dolor o problema en su brazo? Por favor, pase al frente, queremos orar por usted». Después de algunos minutos de silencio, los cuales para mí fueron horas, una mujer que estaba en las últimas sillas de la parte trasera de la iglesia se levantó. Mi pensamiento en ese momento fue: «Gracias a Dios que hay alguien con un problema en un brazo en esta iglesia».

Debo ser honesto, me sentí tranquilo y aliviado cuando por fin alguien se levantó, porque por algunos momentos pensé que estaba cometiendo un error y, sinceramente, no quería atravesar ese momento de vergüenza delante de toda una iglesia con más de mil personas presentes.

La mujer subió a la plataforma y le dije que, por favor, nos contara por qué tenía dolor o problemas en su brazo. Ella respondió que, desde su nacimiento, uno de sus brazos había sido más largo que el otro y que siempre había tenido problemas en su hombro y espalda por esta misma causa. Le pedí que extendiera sus brazos hacia el frente y era notable la diferencia de longitud entre ambos. Le dije que oremos juntos con los ojos abiertos: «Dios quiere hacer hoy un milagro, pero también quiere que lo veamos». Toda la iglesia se encontraba expectante.

Oré en nombre de Jesús y, en pocos segundos, todos comenzamos a notar cómo su brazo lentamente se estiró hasta llegar al tamaño perfecto. La mujer no paraba de llorar de alegría y gozo. Fue un momento muy especial, la presencia de Dios estaba en ese lugar.

Fue una linda noche, la iglesia estaba animaba en su fe y yo me salvé de una gran vergüenza. Recuerdo que al regresar a mi casa le dije a Dios en oración: «Por favor, no vuelvas hacer algo así. Es decir, sigue haciendo milagros, pero sin esa incertidumbre de esperar a que alguien se levante». Solo sonreía con Dios por esa experiencia y estaba agradecido porque entendía con mayor profundidad que en asuntos sobrenaturales yo soy, simplemente, muy natural.

En otra ocasión, me encontraba en el país de Guatemala, muy al norte, cerca de la frontera con México. Allí visitaba una iglesia que amablemente recibió a mi grupo de misioneros. En una de nuestras actividades, el pastor de aquella iglesia me propuso visitar las casas de los vecinos y orar por ellos. Creo que en total visitamos un promedio de siete casas. Siempre fuimos bien recibidos y la gente nos permitía orar por ellos. Recuerdo que al final de la semana, el día domingo del culto, muchos de los vecinos que habíamos visitado fueron a la iglesia, aunque no eran cristianos. Pues lo sucedido en estas visitas fue sobrenatural. Muchos de ellos experimentaron sanidad durante el tiempo de oración en sus casas. Hernias, dolores musculares, lesiones de rodillas y hombros, tumores, alergias, entre otras dolencias, fueron eliminadas de sus cuerpos por el poder de Jesús.

Recuerdo que, al pasar por una de estas casas, se encontraba un señor que tenía un tumor en su estómago, pero era tan grande que podía verse la protuberancia cerca de su ombligo; oramos por él, en el nombre de Jesús, y el tumor desapareció. La protuberancia no existía más y el dolor desapareció en cuestión de segundos.

Después del culto del domingo, decidimos hacer un culto especial de sanidad y milagros. Los vecinos y la gente del pueblo en Guatemala ya habían escuchado algunos testimonios, así que para esta segunda reunión fueron muchas personas nuevas a la iglesia; tenían esperanza en recibir un milagro, querían experimentar el poder de Jesús. Fue un tiempo de avivamiento en ese lugar, muchos fueron sanados, vi personas entregando su vida a Jesús.

Lo sucedido en Guatemala en aquel pequeño pueblo también lo viví en otros lugares a los que viajé. Siempre lloré de alegría por tener el privilegio de ver algo así. Es supremamente edificante orar por las personas y ver cómo Dios hace milagros. Nunca en mi vida he tenido una experiencia tan satisfactoria. Estas cosas que me sucedieron y que aún deseo que sigan sucediendo son para mí, en lo personal, «gasolina». Esto me anima a continuar en este camino de la fe.

En mis experiencias vi muchos milagros suceder. Fui y soy testigo del poder de Dios. He visto cómo se manifiesta en la vida de las personas para llevarlos a destinos que nunca imaginaron.

Dios es el poder que creó los cielos y la tierra. Cuando dijo: «¡Sea la luz!», la luz vino al mundo y así creó el día y la noche. Dios dividió el mar Rojo en dos e hizo caer los muros de Jericó sin un solo golpe. Incluso el sol y la luna se detienen ante su palabra. Dios es inigualable en potencia y su poder está en su nombre, así lo manifiesta en este versículo bíblico:

«¡No hay nadie como tú, Señor! ¡Grande eres tú, y grande y poderoso es tu nombre!». Jeremías 10:6.

El nombre *Jehová* significa «el que hace que las cosas sucedan». Dios actúa en todas las situaciones; aunque no lo veamos, Él siempre está presente de forma sobrenatural para aquellos que creen.

En una ocasión mi esposa visitó una conferencia, la cual tenía como tema central vivir una vida sobrenatural. Durante esta conferencia realizaron tiempos de adoración a Dios de una forma particular, la idea era dejar la música sonar y simplemente relajarse en la presencia de Dios. Todos los participantes buscaron su propia manera de encontrarse con el espíritu de Dios y tomar ese tiempo en sus brazos.

Algunos se acostaron en el piso, otros se arrodillaron, algunos estaban orando y leyendo sus Biblias, otros danzaban con banderas. Después de algunos minutos, la presencia de Dios se sentía en el lugar; algunas personas empezaron a sentir un toque especial de Dios. La forma en cómo esto se manifestó fue por medio de llanto, gozo, profunda alegría. Las oraciones se hacían más intensas y altas, y había gritos de júbilo, entre otras cosas.

Sin embargo, aparentemente, mi esposa no pudo sentir algo sobrenatural. Ella no tuvo ningún tipo de reacción, manifestación o sentimiento alguno; lo tomó de una forma bastante madura, pues entendía que Dios es bueno y estas cosas no definían su relación con Él, así que no dejó llenarse de desilusión alguna. Sin embargo, sí se tomó un tiempo de oración y le dijo a Dios lo siguiente: «Señor, te amo mucho y sé que tú me amas aún mucho más. No voy a permitir que la tristeza venga a mi corazón. Tú eres bueno y tus obras son de la misma manera de bienestar para mí en cada momento de mi vida». La paz entró en su corazón y acto seguido se sentó en su silla. De repente un hombre se acercó a ella y le preguntó: «¿Cómo te fue en este ejercicio de buscar a Dios?». «Bien, gracias», respondió ella. Este hombre la miró fijamente y le dijo: «Te hice la pregunta porque yo vi ángeles viniendo donde tú estabas. Te dieron agua para tomar y pusieron bolas de fuego en tu hombro para fortalecerte».

Mi esposa casi no podía creer lo que escuchó. Segundos después de esta corta conversación, la banda de adoración subió a la plataforma y cantó una canción que en una de sus líneas dice: «Aunque no pueda ver, estás obrando. Siempre estás, siempre estás obrando». Mi esposa recibió ese día una revelación de lo que significa vivir en lo sobrenatural: es creer que Dios está obrando, aunque tú no veas nada, aunque tú no sientas nada; caminar en una vida sobrenatural significa tener una vida de fe.

Es lamentable que hoy en día muchos cristianos huyan del carácter y la forma sobrenatural de Dios. Dios es sobrenatural, Él hace cosas que no tienen explicación alguna, obra según su soberanía, hace milagros, sana, libera el alma y el espíritu. Dios vive en una dimensión de lo sobrenatural, eso es innegable. Siento dolor y lástima en mi corazón por aquellos cristianos que, lamentablemente, han sido heridos en sus vidas por ciertos movimientos carismáticos, movimientos que han creado confusión y división en la iglesia. En mi opinión personal, no hay que dejar que la obra de los hombres destruya la imagen correcta y verdadera de Dios.

No permitas que las malas experiencias te roben la oportunidad de descubrir esta dimensión sobrenatural de Dios. No te defiendas con tus propios argumentos para guardar tu corazón, mejor deja que Dios tome tu corazón y date nuevamente una oportunidad para caminar en el camino de la fe y de la voluntad de Dios.

EL ESPÍRITU

De nuestro Dios nace un río de poder que fluye por el mundo: el Espíritu Santo, el poder divino en acción, es decir, la fuerza activa que hace las cosas.

«La tierra era un caos total, las tinieblas cubrían el abismo, y el espíritu de Dios iba y venía sobre la superficie de las aguas». Génesis 1:2.

Espíritu, en vocablos bíblicos (griego y hebreo), puede traducirse en otros contextos como «viento, ráfaga, soplo, aliento». Según lexicógrafos, estos términos originales transmiten la idea de fuerza dinámica invisible. El Espíritu Santo, al igual que el aire en movimiento, escapa al ojo humano, pero sus efectos son reales y perceptibles.

El Espíritu Santo es el poder de Dios personificado. De ahí que la Biblia mencione simbólicamente su dedo, mano fuerte o brazo extendido. Así como usamos nuestras manos para realizar todo tipo de tareas, Dios utiliza su espíritu para lograr cualquier objetivo, ya sea para darle la fuerza a Sansón, dividir el mar Rojo, hacer caer maná del cielo o facultar milagrosamente a los cristianos del siglo primero para hablar en lenguas extranjeras y darles la autoridad para predicar el Evangelio y sanar enfermos. La manifestación del poder de Dios se ve reflejada en el Espíritu Santo y está disponible para nuestras vidas. Ahora, quisiera compartirles una de las experiencias más curiosas que he vivido como seguidor de Jesús.

Recuerdo que, en una ocasión, salí a caminar por las calles de la hermosa ciudad amurallada de Cartagena con la intención de buscar personas y compartirles la fe en Jesús. Después de algunos minutos, mi compañero ve a una mujer de unos cincuenta años de edad sentada al lado de un puesto de pizza callejero, el cual estaba cerrado, no había nadie preparando pizzas y el horno se encontraba apagado. Decidimos acercarnos a esta mujer y notamos que en su brazo izquierdo tenía una venda que cubría desde su muñeca hasta el codo y un poco más arriba. Le preguntamos si podíamos orar por ella o si tenía alguna petición de oración, explicando que éramos cristianos y que nuestra intención era esa. Nos miró y dijo que sí: «Por favor, oren por mí, tengo una alergia en mi brazo, la cual me causa dolor y comezón. Inició hace una semana y con los días se expande por mi cuerpo, es cada vez más incómodo». Nos contó que había visitado al médico, pero que los medicamentos y cremas que estaba utilizando no le ayudaban en absoluto.

Ella se encontraba triste y desesperada, porque el puesto de pizza era suyo y, por causa de esta alergia en su brazo, llevaba varios días sin trabajar, sin ganar dinero y perdiendo sus clientes. Era su forma de sobrevivir; si no trabajaba cocinando y vendiendo pizzas, no tendría dinero para pagar sus cuentas, y alimentarse. Luego de que nos explicara su situación, no dudamos en levantar una oración para que Dios la sanara, pusimos nuestras manos sobre sus vendas y oramos declarando sanidad en el nombre de Jesús. Al final de la oración, le pedimos a la mujer que revisara su brazo. Ella, sin dudarlo, se quitó las vendas, pero por desgracia la alergia aún estaba presente en forma de ronchas grandes y rojas con muchos pequeños puntos de color blanco, y la verdad no se veía nada bien.

Me sentí desilusionado por la situación, no sabía qué más podía hacer y, justo antes de despedirnos, mi amigo le preguntó si tenía un poco de agua. La mujer dijo que sí y trajo un pequeño vaso de agua. Él había sentido que el Espíritu Santo le enviaba a orar otra vez y derramar el agua sobre su brazo. La mujer estuvo de acuerdo en hacerlo, lo hicimos, pero nada ocurrió, la alergia estaba ahí. Me sentí apenado con ella por haber mojado su brazo, no sabía qué decirle e intenté decir algo simpático, pero mi amigo me interrumpió y dijo: «¿Tienes más agua? Creo que no basta con un vaso pequeño, necesitamos un balde grande de agua». Mis pensamientos eran: «Rayos, ¿qué estás haciendo?». La mujer, sin embargo, nos ofreció ir a su casa, ubicada detrás del puesto de pizza, para buscar el balde con agua. Yo no estaba seguro de querer hacer algo así, pero mi amigo estaba muy decidido y la mujer, desesperada y dispuesta, quería de verdad ser sanada por medio de un milagro.

Fuimos a su casa, aguardamos en la sala mientras ella traía el balde con, aproximadamente, dos o tres litros de agua. Nos preguntó cuál sería el siguiente paso y yo pensé que quizás ella misma podría lavar su brazo mientras nosotros la acompañábamos en oración; pero mi amigo tenía otra idea diferente, estaba convencido de que Dios lo guiaba a derramar toda el agua sobre ella. No podía creer lo que estábamos haciendo, que alguien nos dejara entrar a su casa para hacer algo así, en la comodidad de su sala.

La señora tomó asiento; entre mi amigo y yo, levantamos el balde y derramamos el agua sobre ella mientras orábamos por la presencia de Dios manifestándose en la vida de esta mujer. Cuando finalizamos, notamos que la alergia aún seguía presente, lo único diferente era que esta mujer estaba mojada y el piso de su sala ahora tenía un gran charco de agua, como si hubiese llovido adentro. Me sentí muy mal y pensé que había sobrepasado los límites, nunca había realizado algo así en mi vida.

La señora nos miró y, antes de que pudiera decir algo, mi amigo preguntó: «Disculpe, ¿tiene un poco de sal?». No entendí el porqué, pero la mujer simplemente se levantó de su silla y fue a la cocina a buscar la sal, lo cual me dio tiempo para hablar con mi amigo sobre la situación. Él estaba convencido de que Dios la sanaría, y yo también, pero no sabía si nuestros métodos eran correctos. Pero lo que nos permitía seguir allí era que ella aún seguía abierta para orar y escuchar sobre Jesús, no estaba para nada molesta: tenía un deseo profundo de ver un milagro en su brazo.

Por algunos momentos pensé que esta mujer, aunque no fuese cristiana, parecía tener más fe que yo. Le pregunté a mi amigo cuál era su intención con la sal, a lo cual me contestó que quería mezclar la sal con agua, orar de nuevo, y volver a derramar el vaso de agua con sal en su brazo. Le pedí el favor de que fuera lo último que intentásemos y que después nos retiraríamos. Estuvo de acuerdo.

Llegó la mujer con la sal, hicimos la mezcla con los dos elementos y volvimos a orar mientras derramábamos sobre su brazo otra vez agua, pero esta vez con sal. Mis oraciones eran de súplica y clamor, estaba nervioso y apenado, le dije a Jesús en ese momento: «Jesús, por favor, solo déjanos ver ahora esa sanidad, simplemente hazlo». Cuando abrí los ojos, sentí frustración y profunda vergüenza, porque la alergia aún estaba allí. No sabíamos qué más hacer o decir, pedimos perdón por lo sucedido. Recuerdo que salimos de la casa de esa mujer casi corriendo. Ni siquiera la ayudamos a limpiar; tan pronto como pudimos, nos fuimos. Durante el resto de la noche, no pude orar por más personas. Tenía dudas, preguntas y conflictos en mi cabeza. Nos equivocamos, hicimos mal y pasamos vergüenza: esas eran mis conclusiones.

Al día siguiente por la tarde, estaba sentado en el balcón de la sede de la organización misionera. Entonces miré a mi amigo, ese que la noche anterior fue a caminar conmigo, y vi que traía consigo una caja de pizza, entonces desde el balcón le dije: «Deja de torturarme, ¿por qué compras pizza?». Me contestó que era un regalo.

Subió a la habitación, abrió la caja de pizza, con una gran sonrisa en su rostro, y me preguntó: «¿Recuerdas a la mujer que visitamos ayer, con su alergia en el brazo?». Mi respuesta inmediata fue que claro que la recordaba, qué vergüenza. Pero mi amigo continuó contando: «Fui para saber cómo se encontraba. Cuando llegué al lugar estaba trabajando y vendiendo sus pizzas. No tenía más vendas, no había más alergias. Su brazo estaba completamente sano. Me dijo que, durante la noche, cuando descansaba en su cama, sintió una notable mejoría y, cuando despertó, ya estaba completamente sana. La señora se encontraba muy contenta y me regaló la pizza, como forma de agradecimiento, y también te envió saludos y abrazos».

No podía creer lo que estaba pasando: ¡tenía pizza gratis para la cena!... Es broma.

¡La mujer fue sanada! Dios nos sorprendió a todos y me alegré mucho en mi corazón. Sentí que todo lo que habíamos hecho la noche anterior había valido la pena.

A veces, en ocasiones, no entendemos por qué debemos hacer las cosas de determinada manera, pero no debemos cuestionar a Dios por sus formas. Simplemente, debemos obedecer y reconocer lo poderoso que es Él, y el privilegio que poseemos al recibir ese poder y bendiciones espirituales.

Debemos entender y reconocer el poder de Dios en nuestras vidas, ser conscientes y vivir con el entendimiento de que para Dios todo es posible. Él es más grande que todas las cosas, creó la eternidad para vivir con nosotros en ella. Él es mayor que el tiempo.

Muchos de nosotros hemos aprendido en nuestros estudios bíblicos sobre el trabajo que tiene Satanás para destruir y traer corrupción al mundo. En muchos casos, tenemos la perspectiva de que Satanás es igual a Dios, es decir, Dios es lo bueno y Satanás lo malo. Entonces, hay un blanco y negro, y debemos, supuestamente, decidirnos por alguno de los dos caminos. En cierta parte es cierto, pero Satanás nunca va a ser igual a Dios.

Dios no tiene un enemigo igual a Él. Satanás es simplemente un ángel caído, un enemigo vencido. Él usa el engaño y la trampa, pero no tiene ninguna autoridad sobre absolutamente nada. Dios es el único que tiene autoridad sobre todas las cosas. Cuando pensamos en Satanás y le damos esta imagen de ser igual que Dios, estamos echando a un lado el poder de Dios de nuestras vidas, sin reconocer la grandeza de nuestro Dios. No debemos tener temor por la oscuridad, porque Él es la luz. Cambiemos nuestra forma de pensar y abracemos esta verdad en Dios.

No hay igual a Dios, Él es incomparable, ya venció, la victoria es suya. Anímate a vivir esta aventura de la vida junto al Todopoderoso.

5

MI ENTENDIMIENTO DE UN REINO SUPERIOR

Superior es un adjetivo que puede hacer referencia a un objeto o a una persona. Dicho de otra forma, superior es aquello que se encuentra a mayor altura respecto de otra cosa o en un lugar preeminente. Como, por ejemplo, el reino de Dios, el cual es superior a otros reinos. No hay nada más sublime y exaltado que su reino, el cual gobierna sobre todo y todos.

Por otra parte, superior es quien tiene subordinados a cargo. Dios es el Rey, Él es el Supremo, por encima de Él no hay nadie; y todos nosotros, quienes confesamos seguirlo, somos reyes de su reino. Es por esto que Él es Rey de reyes y Señor de señores. Muchas personas hacen mención de que estas palabras significan que Dios está sobre los reyes y Gobiernos de este mundo, lo cual es cierto. David fue rey de Israel y, así como David, hubo otros reyes que gobernaron con temor en sus corazones e hicieron lo correcto delante de Dios. Hoy en día, los hijos del Rey debemos establecer su reino aquí en la tierra. Somos reyes y reinas de un reinado supremo, de un rey superior.

EL REINO

En una ocasión, tuve la oportunidad de visitar una iglesia en la ciudad de Bogotá, donde estuve por una semana con algunos amigos misioneros, trabajando y sirviendo al ministerio de los jóvenes de dicha iglesia. Nuestro plan era sencillo. Durante la semana estuvimos haciendo una sala de oración. La meta era animar a los jóvenes en la oración. En esta sala, teníamos diferentes formas creativas y dinámicas para motivar a los jóvenes a buscar a Dios.

En medio de la semana, sentimos que era importante leer la palabra de Dios. Es por eso que, en uno de los encuentros que tuvimos, decidimos leer la Biblia juntos, tanto mi equipo como el grupo de jóvenes. Pero la forma en que lo hicimos fue algo particular y muy especial. Proyectamos en la pantalla grande algunos versículos bíblicos, pero lo que hicimos fue leer los versículos todos juntos al unísono y repetirlos varias veces. Luego los leíamos por grupos, incluso cada persona los repetía en su mente con el fin de que la palabra de Dios entre profundamente en su corazón y que el Espíritu

Santo nos diera entendimiento del mensaje que quería transmitirnos por medio de dichos versículos.

Recuerdo que llevábamos una hora aproximadamente leyendo. Casi finalizando nuestra sección en uno de los versículos, sentí de manera repentina un peso enorme sobre los hombros y caí al suelo, no podía levantarme. Comencé a llorar, la sala tenía una luz que me resulta difícil describir. Cuando miré hacia atrás para ver a los jóvenes de la iglesia, todos estaban en el suelo también. Había caído, el poder del Espíritu Santo estaba en ese lugar. De pronto dejé de ver los colores de aquel salón y todo comenzó a tornarse blanco, estábamos siendo tocados por el Espíritu Santo; algunos lloraban, otros reían, muchos que habían manifestado tener dolores en su cuerpo (como dolor de cabeza, espalda, oído) estaban siendo sanados en ese instante. Muchos de los jóvenes recibían incluso sanidad en su corazón por traumas del pasado, dificultades en sus vidas. Otros eran liberados de influencias demoníacas.

Yo, simplemente, estaba en el suelo, disfrutando la presencia de Dios; mis lágrimas eran de alegría, gozo. Sentía una paz indescriptible y sabía que no era el único que así lo sentía.

El Espíritu Santo de Dios nos estaba dando una muestra de su poder. No necesitábamos de música para sentir esto o que alguien orara por nosotros, era un encuentro especial. El cielo descendía a la tierra. Estuvimos en ese estado de encuentro con Dios por más de tres horas, algo realmente increíble y que jamás en mi vida había experimentado. Cuando todo terminó, sentí que habían pasado solo unos minutos, no horas, debido a que no me sentía cansado, todo lo contrario, me sentía vivo y pleno.

Ese mismo día todos los jóvenes empezaron a contar testimonios de lo que cada uno había experimentado y vivido. Fue motivador escuchar cómo muchos de ellos habían sido transformados por el poder del Espíritu Santo: no eran los mismos jóvenes, eran personas nuevas en Jesús. La habitación blanca que yo visualicé, ellos también la vieron; fue un momento real.

A partir de ese día, durante los últimos días de nuestra semana en esa iglesia, cada tiempo que compartimos en esa sala de oración era indescriptible. Todos teníamos hambre de Dios y teníamos la motivación para orar, cantar y adorarle. Al final de dicha semana, día domingo, el culto fue asombroso. Ver tantos jóvenes avivados, buscando más y más a Jesús, renovando de aire fresco la iglesia, motivando a otras personas a vivir el avivamiento. Fue un encuentro divino con Dios.

Después de esta experiencia, me di cuenta de la importancia de la palabra de Dios para comprender el poder y la manifestación del Espíritu Santo. Unos días más tarde, fuimos invitados para enseñar en una escuela misionera. La verdad es que no estuvimos enseñando, sino que lo único que hicimos fue leer la Biblia con los estudiantes. No lo van a creer, pero una vez más sucedió que, en medio de la lectura de versículos, la presencia de Dios fue tan grande que no podíamos continuar leyendo.

Algunos de estos jóvenes lloraban y otros se sentían colapsar, porque la presencia de Dios era tan tangible, real y poderosa que era imposible mantenerse de pie. Otros de los estudiantes comenzaron a tener visiones y recibían la palabra de Dios para ir a otras naciones y ser misioneros. Por ejemplo, una de las estudiantes recibió en su corazón un llamado para ir a China. ¿Quién puede imaginar algo así? Una joven de bajos recursos proveniente de un país del tercer mundo, como lo es Colombia, viajando al otro extremo del planeta. ¿Cómo iba a lograrlo? ¿Cómo Dios puede dar un sueño así? Para nuestro Dios, nada es imposible. Esta joven, un año más tarde, viajó a China. Dios lo hizo posible porque, si Dios está con nosotros, ¿quién contra nosotros?

Estas experiencias abrieron mi entendimiento al reino de los cielos. Dios quiere establecer su reino entre nosotros. Todas estas manifestaciones que viví fueron para mí una prueba de esto. Jesús, durante el tiempo que estuvo en la tierra, predicó:

«Desde entonces comenzó Jesús a predicar: Arrepiéntanse, porque el reino de los cielos está cerca». Mateo 4:17.

Sus enseñanzas tenían el propósito de ilustrar una guía a los hombres de cómo debían entrar en el reino de Dios. Con su palabra poderosa, Él daba certeza de que este reino estaba cerca.

«En cambio, si expulso a los demonios por medio del espíritu de Dios, eso significa que el reino de Dios ha llegado a ustedes». Mateo 12:28.

Sus parábolas enseñaban a sus seguidores acerca de la verdad del reino de Dios y, cuando le preguntaron cómo se debía orar, su respuesta fue una oración, la cual tenía una petición:

«Venga tu reino, hágase tu voluntad en la tierra como en el cielo». Mateo 6:10.

El reino del Señor se establece por medio de la proclamación del Evangelio, de los seguidores de Jesús, es decir, su Iglesia.

El Evangelio no solo trata de ofrecer una salvación o algún tipo de esperanza a la pregunta ¿a dónde iremos después de la muerte?, sino que trata de transformar todas las relaciones de la vida, aquí y ahora, y así hacer que prevalezca el reino de Dios en todo el mundo. Es decir, el reino está cerca para cambiar los estatutos corruptos de nuestra sociedad y de esa forma afectar estas esferas, tales como la economía, la educación, el arte, el gobierno, el multimedia, entre otras.

Estas experiencias espirituales y este avivamiento que viví me dieron a entender la dimensión de este reino que transforma el corazón de las personas, pero que también lo hace con el corazón de una nación, por medio de cristianos que son influyentes y relevantes en sus puestos de trabajo, universidades o en cualquier otro lugar donde estemos presentes. El reino se manifiesta por medio de su palabra y por medio del Espíritu Santo.

El reino de Dios es esencialmente un modelo ideal para la sociedad humana. No está primordialmente preocupado en la salvación personal o en el futuro, sino en los problemas más actuales de la sociedad. Los hombres edifican el reino de Dios conforme trabajan por el orden social ideal y se esfuerzan por resolver los problemas de la pobreza, las enfermedades, el racismo, relaciones laborales, las desigualdades sociales. La primera tarea de la Iglesia es edificar el reino de Dios, viviendo bajo los principios y valores bíblicos.

Mi experiencia, por medio de la lectura bíblica y las visitas del Espíritu Santo con el grupo de jóvenes de la iglesia y los estudiantes misioneros, me llevó a la conclusión de que Dios no quiere simplemente una iglesia bonita, decorada, con buena música, con fieles visitantes a los servicios de domingo. Dios quiere, por medio de nosotros, transformar el mundo, y se necesita mucho más que eso: necesitamos vivir en el entendimiento del reino de Dios y ser conscientes de su realidad, poder, dominio y verdad.

Cuando la Biblia menciona la expresión *reino de Dios*, está haciendo referencia a su señorío, a su gobierno, a su soberanía y a su autoridad.

«El Señor ha establecido su trono en el cielo; su reinado domina sobre todos». Salmos 103:19.

El reino de Dios es universal, está sobre todos los seres humanos, sobre todas las naciones y regiones del mundo, e incluso su gobierno es mayor que la extensión del universo. Él gobierna todo lo existente, y no hay un reino mayor al suyo; permanece por todos los siglos y generaciones. Cuando oramos «Venga tu reino», no estamos pidiendo que el cielo descienda a la tierra, pues el cielo no tiene para nosotros gran significado si no está presente el reino de Dios.

«Sea hecha su voluntad en la tierra como en el cielo» significa permitir que Dios gobierne sobre nosotros, es una petición para que Él tome su lugar en medio de la humanidad. Esta oración reconoce que el reino de Dios es mucho más grande de lo que puede imaginar nuestra mente.

Según lo escrito en el Nuevo Testamento, el reino de Dios es más glorioso en comparación con lo que pensaban los judíos. El reino tiene la soberanía de Dios, su providencia por gobierno, y añade una dimensión de victoria total por medio de Jesucristo. Su obra no es solo triunfo político, es una bendición que se extiende a lo largo y a lo ancho, porque las promesas para la santidad no son solo en Israel, sino en toda la tierra. Nosotros como Iglesia somos herederos de la promesa de Abraham, pero toda la tierra es del Señor.

El reino de Dios comenzó con el ministerio de Jesús y no conocerá fin; es el mesías quien reina en la historia. Prediquemos la salvación, pero sin reducir el evangelio a tan solo un beneficio personal, porque el evangelio es todo el reino de Dios. Nuestra sumisión a Jesucristo es no solo como nuestro Salvador, sino como nuestro Señor y Rey, al cual entregamos el destino de nuestras vidas. La salvación es nuestro punto de entrada, el evangelio de salvación debe llevarnos al Rey y a reconocernos a nosotros mismos como ciudadanos de su reino.

LIBERACIÓN

El ministerio de Jesús y el anuncio de las buenas nuevas estuvieron caracterizados por sanidades y las más notables de ellas por la expulsión de demonios. Él proclamó las buenas nuevas del reino de Dios y lo demostró mediante la liberación de los hombres del dominio de Satanás y sus demonios.

«Un día le llevaron un endemoniado que estaba ciego y mudo, y Jesús lo sanó, de modo que pudo ver y hablar. Toda la gente se quedó asombrada y decía: ¿No será este el hijo de David? Pero, al oírlo los fariseos, dijeron: Este no expulsa a los demonios sino por medio de Beelzebú, príncipe de los demonios. Jesús conocía sus pensamientos y les dijo: Todo reino dividido contra sí mismo quedará asolado y toda ciudad o familia dividida contra sí misma no se mantendrá en pie. Si Satanás expulsa a Satanás, está dividido contra sí mismo. ¿Cómo puede, entonces, mantenerse en pie su reino? Ahora bien, si yo expulso a los demonios por medio de Beelzebú, ¿los seguidores de ustedes por medio de quién los expulsan? Por eso ellos mismos los juzgarán a ustedes. En cambio, si expulso a los demonios por medio del espíritu de Dios, eso significa que el reino de Dios ha llegado a ustedes». Mateo 12:24-28.

Durante uno de mis viajes misioneros, en el hermoso país de Cuba, estuve enseñando junto a mis colegas en diferentes lugares e iglesias de la isla. Recuerdo que, en una ocasión, nos invitaron a una escuela de misiones, en La Habana, donde se reunían aproximadamente doce jóvenes, quienes se estaban preparando; tenían el deseo profundo de traer impacto e influencia en su ciudad y en las distintas esferas de la sociedad. Precisamente, ese fue el tema que estuvimos enseñando: cómo las misiones no son simplemente un viaje a una cultura o a un país desconocido, sino cómo nosotros debemos ser relevantes e influyentes en las esferas de nuestra sociedad, misioneros en el campo del arte, la educación, la política, el deporte, etc. Debemos ser relevantes y traer soluciones prácticas a los problemas que presentan nuestras naciones y ciudades actualmente.

A pesar de que estuvimos enseñando en esa escuela, las clases tenían un modo abierto, es decir, cualquier persona que quisiera visitar podía hacerlo. Justamente ese día que estuvimos enseñando, vino una mujer reconocida en la isla por su labor como escritora para niños, había ganado diversos premios y era la mejor en historias narrativas y cuentos basados en los rituales, costumbres y dioses del santerismo (una religión afroamericana).

Al terminar las clases, esta mujer se acercó a uno de mis colegas, tenía varias preguntas sobre el tema, lo cual nos impresionó y al mismo tiempo nos dio alegría, ya que veíamos la oportunidad de ser influencia para ella, llevar la verdad y la luz de Cristo a su vida.

Mi compañero y ella tomaron asiento en un sofá y comenzaron a hablar. Me encontraba algunos metros frente a ellos con una guitarra en la mano, tocando algunas melodías. Conversaron por un par de minutos y, al momento de despedirse, ella extendió su mano para decir adiós; mi compañero respondió de la misma forma y, justo en el momento del contacto de sus manos, todo cambió. La mujer cambió de repente, se convirtió en un monstruo, era más grande, más musculosa, su voz era gruesa y ruda, su rostro era demoníaco, su vista oscura y profunda. Se levantó del sofá con un grito de guerra y con un solo brazo tomó del cuello a mi colega y lo puso contra la pared, con su otra mano lanzó un puñetazo que mi colega pudo esquivar. La mujer no paraba, era impresionante escuchar esa voz, eran los demonios quienes hablaban a través de ella. Yo, por mi parte, comencé a tocar más fuerte la guitarra y lo único que pude hacer fue cantar alabanzas y proclamar el nombre de Jesús. Estaba nervioso, debo confesarlo, y realmente me encontraba a muchos metros de distancia. Inmediatamente, tres estudiantes se acercaron a ellos, intentaron detener a la mujer, la tomaron de los brazos, pero ella era extremadamente fuerte y nos causó un gran alboroto en el lugar.

La mujer no paraba de moverse de forma brusca y resultaba difícil para los estudiantes lograr sostenerla, pues su cuerpo había cambiado, era más alta y sus músculos habían crecido. Los demonios en ella se manifestaban, había perdido el control: ya no era la mujer quien manejaba su propio cuerpo, sino los demonios.

Al escuchar las alabanzas que yo estaba tocando, corrió hacia mí, quería detenerme e intentó golpearme. Nuevamente mi colega y los tres estudiantes la detuvieron. Acto seguido, todos juntos comenzamos a declarar la autoridad y el poder en Jesús, oramos proclamando libertad en el alma, en los pensamientos y espíritu de esta mujer. Después de unos veinte minutos de lucha y oración, la mujer vomitó un líquido verde de una consistencia muy gelatinosa, poco a poco su cuerpo volvía a tener el tamaño normal. Esos músculos grandes desaparecieron y su voz volvía a ser normal. Ella había vuelto en sí y comenzó a cantar junto con nosotros las alabanzas y a reconocer el poder de Jesús en su vida. Recuerdo que, en medio de la alabanza, hicimos una corta oración donde ella reconoció a Jesús como su Señor y su Salvador. Minutos más tarde, su mirada era diferente, algo había cambiado: era una nueva persona. Era libre.

Al día siguiente, visitamos la casa de esta mujer, tomamos té, hablamos de todo lo sucedido. Pudimos explicarle con más detalles de qué se trata el Evangelio, quién es Jesús y el Espíritu Santo. Estuvimos aproximadamente tres horas en su casa, compartiendo, orando, resolviendo preguntas acerca de la fe. Al final de nuestra visita, ella estaba muy agradecida, había encontrado luz y verdad, ahora estaba motivada a elevar la Biblia como fuente de inspiración para sus historias narrativas para niños; su vida había cambiado. El reino de Dios descendió a su casa, cambió la realidad en la cual vivía y ahora ella deseaba ser una servidora de Cristo, y, a través de sus dones y talentos, extender el reino de los cielos.

Estas experiencias las he vivido durante mi caminar con Jesús. Tengo varias historias de cómo Dios se ha manifestado en la vida de las personas para liberarlas de las ataduras de Satanás y sus demonios. He escuchado demonios impacientes gritando por temor a la presencia de Dios, porque ellos saben y reconocen que el reino de los cielos se manifiesta a través de sus hijos, y ellos temen a ese poder, admiten la autoridad que nosotros tenemos en Jesús y tiemblan ante esta autoridad. Sirven a un reino de maldad, como expliqué anteriormente, al siglo malo en este mundo, donde la maldad de Satanás y sus demonios reina. Pero nosotros, portadores del reino de Dios, tenemos la autoridad dada por Jesús para contrarrestar la maldad. De alguna manera, nosotros provocamos que la manifestación del reino de Dios sea visible y tangible en este mundo natural.

Cuando hablo o visito a cristianos, grupos o iglesias, en algunas ocasiones tengo la sensación de que muchos esperan una manifestación mágica, que de repente algo suceda, pero así no funciona el reino de Dios. Somos nosotros los que debemos provocar estas manifestaciones del reino, abrir nuestra boca, orar y caminar sobre las aguas, aun sabiendo que es imposible.

Muchos cristianos se conforman con lo que ven, sienten o saben de Dios, y conformarse es dejar de buscar, lo cual nos lleva a perder, a estar fríos, y a mí, en lo personal, no me gusta el frío.

El reino de los cielos no es flemático y fatalista, pero por desgracia muchos cristianos nos comportamos de esta forma; dudamos de todo, creemos poco, tomamos todo de forma relativa, incluso la palabra de Dios y sus verdades, o tenemos poco interés por ir más profundo, por conocer mucho más de los misterios del reino.

Si tú quieres ver que suceda algo sobrenatural en tu vida, entonces tienes que romper con el molde humanista de tus pensamientos y buscar intensamente lo sobrenatural, cambiar tu manera de pensar y de vivir. Somos la herencia del Padre, Él nos ama, confía y cree en nosotros. Dios multiplica su gracia, su amor y su reino por medio de nosotros.

AQUÍ Y AHORA

Algunos piensan que el reino de Dios es algo del futuro y que vendrá solo después de la segunda venida de Jesús. Pero lo cierto es que el reino ya está entre nosotros, se manifiesta por medio del Espíritu. Los hijos de Dios somos portadores y representantes del reino, ya que el Espíritu Santo toma lugar en nuestras vidas. Esto quiere decir que no somos de este mundo y que no debemos conformarnos con este siglo. Es lo que encontramos en las palabras de Pablo en la carta a los romanos.

«No se amolden al mundo actual, sino sean transformados mediante la renovación de su mente. Así podrán comprobar cuál es la voluntad de Dios, buena, agradable y perfecta». Romanos 12:2.

¿Cómo podemos vivir en este tiempo de la historia de la humanidad, y no ser parte de ella, cuando realmente sí estamos aquí? Tenemos que vivir la transformación de nuestra mente. Esta renovación aquí mencionada no hace referencia a cualidades de la mente, como ser la memoria, el juicio, la percepción, sino el espíritu de la mente, que, bajo la energía y autoridad del Espíritu Santo, dirige sus tendencias y energías hacia Dios, en el goce de la comunión con Jesús.

Todo lo que somos, entonces, ahora, está conectado con el Padre por causa de esta renovación, la cual no es un nuevo otorgamiento del Espíritu, sino un avivamiento de su poder, desarrollando la vida cristiana. Este pasaje pone el acento en la operación continua del espíritu de Dios morando en nosotros. Es un constante fluir del Señor en nuestro cuerpo, alma y espíritu, lo cual nos da la posibilidad de estar presentes en este siglo de maldad, donde Satanás reina con sus mentiras. Pero el poder de Dios reina en nosotros mientras transcurre el siglo malo. Esta es la primera evidencia del reino de Dios aquí y ahora, en nuestras vidas.

El reino pertenece a la edad venidera. Sin embargo, el siglo venidero es trasladado a esta edad. Podemos probar sus poderes y, por consiguiente, ser librados de este siglo y, desde entonces, dejar de vivir conforme al tiempo. El poder transformador es el poder del siglo venidero; sin duda, es el poder del reino de Dios.

Muchas personas alrededor del mundo han experimentado este poder transformador, lo cual es una evidencia clara de que el reino de los cielos está entre nosotros. Por supuesto que aún no está completamente establecido, pues la Biblia nos enseña que existen tres etapas en las cuales veremos la derrota del siglo malo y de Satanás. Las tres etapas son en la cruz, la cual fue la derrota inicial; al comienzo del milenio, el abismo; y, al final del milenio, el lago de fuego. Conforme el reino de Dios se manifiesta en tres etapas en su victoria sobre la muerte, también el reino de Dios va revelando su poder en las tres etapas de la derrota.

Tú y yo ya hemos sido testigos de esta victoria inicial cada vez que hemos visto cómo la cruz ha liberado, transformado y cambiado la vida de las personas; es una evidencia de esta victoria.

En el año 2012, conocí a un joven colombiano que tenía pasión por la alabanza; el sueño de su vida era tener un grupo musical y a través de este grupo compartir el Evangelio y llevar a las personas ante la presencia de Dios a través de la música. Lamentablemente, las cosas en su vida no estaban en orden, pues este joven sufría de ataques de pánico, un espíritu de muerte lo seguía constantemente, tenía poco éxito en lo que hacía; esto con el tiempo lo llevó a un estado de profunda tristeza y depresión. En medio de nuestras conversaciones me compartió que había tenido una relación amorosa con una joven unos años mayor que él. La relación con esta chica no había resultado nada bien y habían terminado su relación de una forma caótica y dolorosa. Tuve la oportunidad de orar por él junto con un amigo pastor. Lo que sucedió ese día fue tremendo:

Eran aproximadamente las dos de la tarde cuando este joven llegó a nuestra cita de oración. Recuerdo que este joven estaba un poco nervioso: sus manos estaban temblando, se mostraba angustiado; en todo caso, él estaba dispuesto a que Dios transformara su vida. Estuvimos hablando primeramente acerca de la victoria de Jesús en la cruz. Él nos compartió un poco su historia de vida y su desastrosa relación amorosa, nos habló también de sus problemas actuales: la depresión, la tristeza y sobre todo esos ataques de pánico que lo atormentaban, los cuales le producían un profundo miedo, no le permitían ver la luz, de repente todo se tornaba oscuro para él, sentía un gran vacío existencial y empezaba a escuchar voces que le decían que debía suicidarse.

Cuando este joven compartía todas estas dificultades, sentí enojo en mi corazón porque podía ver que era un buen chico y este anhelo que tenía de tener un grupo musical y servir a Dios a través de la adoración era algo genuino y puro; pensé: «Qué mentiroso y atrevido llega a ser Satanás con sus engaños para arruinar la vida de las personas». Durante la conversación entendí que Dios quería manifestar su gloria y su justicia sobre la vida de ese joven.

Después de hablar, iniciamos con una sencilla oración: «Señor, manifiesta tu presencia, creemos en tu victoria en la cruz y tu libertad para la vida de este joven aquí y ahora».

Lo que sucedió después fue algo sobrenatural: yo pude ver cómo los demonios estaban alrededor de este chico, eran sombras grandes y oscuras que tenían sus manos extendidas sobre su cabeza; estos demonios estaban hablando constantemente a sus pensamientos. Cuando declaramos la victoria de la cruz, pudimos ver cómo estos demonios empezaban a retroceder y a retroceder a medida que avanzaban nuestras oraciones; una luz del cielo vino muy fuerte sobre la cabeza de este joven. Los demonios, sencillamente, desaparecieron y esta luz bajó de su cabeza hasta su corazón, pero su corazón estaba atrapado por cadenas de un color oscuro y su corazón no era rojo vivo, sino negro como la muerte.

En ese momento, Dios le reveló a mi amigo pastor que la chica con la cual él había tenido una relación desastrosa estaba realizando oraciones satánicas y de brujería en contra de la vida de este joven. Intensificamos nuestra oración en contra de esas actividades demoníacas que esta mujer estaba haciendo para lastimar la vida de este joven.

Declaramos el poder en Cristo Jesús y tomamos su autoridad para dejar sin poder al enemigo. El mismo joven confesó que él sintió cómo en su corazón algo se rompía, pues lo que estaba sucediendo era que las cadenas oscuras se estaban rompiendo; él estaba siendo liberado de esa prisión espiritual en la cual se encontraba. Esa luz que estaba en su cabeza que ahora estaba llegando a su corazón era tan fuerte que rompió las cadenas, limpió el corazón de ese color negro y empezó a llenarlo de vida.

Nuestras oraciones no pararon. Seguíamos orando y sentimos que era importante orar por la llenura del Espíritu Santo sobre él. Yo levanté la mirada al cielo y vi unas manos grandes que derramaban un aceite sobre la vida de este joven.

Lo que entendí en medio de la oración es que Dios lo estaba ungiendo con una protección especial.

Cuando terminamos ese tiempo de oración, nuevamente vi el reloj: eran las seis de la tarde. Habíamos estado orando por cuatro horas, pero habíamos visto una victoria sobre la oscuridad.

Cuando miré a los ojos del joven, pude ver que había algo diferente en él. Era libre, sus primeras palabras después de ese tiempo de oración fueron: «Gracias, Jesús. Me siento mejor, me siento bien, me siento en paz».

Después, celebramos, cantamos alabanzas, nos alegramos por lo que Dios había hecho. Mi amigo pastor continuó, después de lo sucedido, un discipulado con él para ayudar a cumplir su deseo de servir a Dios por medio de la música. Creo que lo que este joven experimentó servirá como testimonio para muchos otros que buscan una libertad, una victoria sobre la oscuridad en la que están sumergidas sus vidas y servirá también para entender que solamente la luz que es Jesucristo vence la oscuridad.

En el nombre de Jesús tenemos la autoridad para establecer, construir y manifestar el reino de los cielos aquí y ahora, en el nombre de Jesús tenemos la autoridad para ver, proclamar y declarar la victoria inicial que ahora nosotros tenemos por la obra de la cruz. Jesús ya ganó y es nuestra parte tomar esta victoria en fe y caminar sobre estos senderos de triunfo. El mundo espiritual es real y la autoridad que tenemos es la llave para transformar estos ambientes espirituales que afectan nuestras vidas. Debemos ser conscientes de la astucia y de las intenciones de Satanás y sus demonios, porque ese reino de maldad quiere gobernar por medio de mentiras y engaños, quiere establecer una autoridad que no tiene. Tomemos el lugar que nos corresponde como embajadores del reino de los cielos.

Un embajador es el representante de un país ante el resto de los países y se esmerará en ofrecer lo mejor de sí y de su país para que se conozca lo que se hace en su reino. Los embajadores, generalmente, representan los intereses de una nación; disponen de un poder especial otorgado por su país y su rey; son personas muy preparadas; usualmente, saben reconocer las oportunidades a favor de su nación; además, actúan en un rol conciliador. Este y otros rasgos distinguen a las personas que desempeñan tan digna representación, sin embargo, hubo un embajador que representó toda la majestad divina de Dios y que se esforzó por mostrar el reino que representó. Se trata de Jesús, quien, con su rol a favor de la humanidad entera, permitió que nos reconciliáramos con Dios Padre, además, nos entregó poder y autoridad. A través del derramamiento de su sangre, declaró la libertad de todos aquellos que creemos en Él. Si a un embajador de un país se le abren las puertas de las naciones, ¡cuánto más a un embajador de Cristo! Se nos abrirán todas, absolutamente todas las puertas que Dios considere que deben ser abiertas para nosotros y, además, las puertas del Hades no prevalecerán contra nosotros.

6
APRENDIENDO DE LOS TIEMPOS DIFÍCILES

En octubre de 2014, viajé a Suiza luego de estar cinco años en el Ministerio de Misiones en Latinoamérica. Decidí viajar para encontrarme con el amor de mi vida, la mujer que meses más tarde se convertiría en mi esposa y, junto con ella, crearíamos una familia. No fue una decisión sencilla para ninguno de los dos. Aunque nuestras emociones, sentimientos, sueños estaban alineados, existían otras situaciones que fueron complicadas: temas de salud y desacuerdos no directamente entre nosotros dos o nuestra familia, sino con personas terceras a nuestra relación. Sin embargo, nos aferramos a Dios y nos acercamos a Él para recibir su bendición.

Vivir en un país nuevo no es sencillo. Hay diversos factores que lo hacen complicado y, por supuesto, hay muchas situaciones que no esperamos, que sorprenden, aunque nos hayamos preparado de la mejor manera posible. Acostumbrarse a un nuevo clima, cultura, idioma, conocer nuevas personas, cambiar por completo tu estilo de vida y hasta tu forma de comer. Te afecta, aunque suene ridículo; en mi caso personal, no fue fácil encontrar mi lugar después de haber estado tanto tiempo involucrado en el ministerio. Tenía una dinámica en mi trabajo y viajaba a muchos lugares, era reconocido y valorado por mi trabajo. Fue un golpe fuerte a mi orgullo. Dios utilizó los primeros tiempos en Suiza para trabajar mi carácter y mi corazón. En Suiza yo no era nadie, no tenía nada, nadie me conocía, pocos entendían mi trabajo y mis intenciones o deseos de estar allí y servir a Dios.

Era realmente comenzar desde cero, encontrar un camino, encontrarme nuevamente con Dios, abrazar la visión que me había dado y entender de qué manera era posible hacer misiones en Suiza. Entendí profundamente que, antes de iniciar una labor misionera en un país como ese, era necesario ser probado y entrenado.

Tengo que confesar que los primeros meses caí en depresión, algo que muy pocos saben. Estuve enfermo, desanimado, cansado y frustrado. Era difícil concentrarse y escuchar a Dios. Muchas personas alrededor comentaban sobre cuál sería nuestro futuro, al ser una pareja tan joven con poco o nada de dinero. Pocas personas creían en nosotros y eran muchos más aquellos que dudaban.

Tuve muchas luchas internas y voces externas que me decían lo que debía hacer; pero yo quería sin duda hacer lo que Dios me dijera y, aunque estábamos involucrados con una organización misionera en Zúrich a tiempo parcial, no veíamos aún con claridad el panorama.

También tuve que aprender a ser niño otra vez, ser vulnerable, abrir mi corazón y dejarme enseñar por otros. Por ejemplo, para aprender el idioma alemán, para saber cómo tomar un tren al centro de la ciudad, cómo pedir una cita médica, y un sinfín de tareas comunes, que, si estuviera en mi país, no tendría mayores problemas.

Aprendí a ser más paciente conmigo mismo, a no presionarme por no ver los resultados que quería y a tomar las cosas con más calma. Tener paciencia con el sistema del país que, honestamente, aunque amo Suiza, es verdaderamente complicado y demasiado burocrático para mi gusto.

Aprendí a trabajar con personas que piensan, creen y viven la fe en Dios de forma distinta y, aún en medio de las diferencias, seguir enfocado en la visión y en los objetivos, no tomar las cosas personales y amar a las personas por quienes son en Dios, y no por lo que hacen. En conclusión, mi primer tiempo en Suiza fue difícil, no vi todas las respuestas que estaba buscando. Con el paso de los meses, las cosas se tornaron de un color más hermoso. En este país, sin lugar a duda, he pasado tiempos difíciles, pero también uno de mis mejores momentos.

Los primeros dos años en Suiza fueron para mí una escuela de formación. Nunca dejaré de aprender, pues, a cada lugar donde voy, cada una de las experiencias en esta nación o cada nueva amistad son una oportunidad para aprender cosas nuevas. Me he dado cuenta de que ser vulnerable es una buena cualidad, y no significa debilidad, sino fortaleza. Para abrir tu corazón se necesita valentía, y no deseo perder eso a causa del orgullo. A Dios le encantan los corazones quebrantados y es mi deseo ser un perfume agradable a los pies de Jesús. No se trata del ministerio y de las experiencias, sino que se trata de acercarse a Jesús y saber que Él se siente tan amado y a gusto con mi persona.

He vivido momentos oscuros en mi vida, recibí malas noticias que lograron sacar miles de lágrimas de mi corazón, he sufrido y visto sufrir a quienes amo, y eso duele más que sufrir uno mismo; es decir, cuando las situaciones te atacan a ti directamente no duele tanto como cuando atacan a quienes amas. Le he preguntado miles de veces a Dios: «¿Por qué?», sin recibir respuesta alguna. Experimenté el silencio de Dios, pero reconozco que, aun en medio de esto, Él siempre estuvo presente. El silencio no significa que Dios no esté allí con nosotros. Los mejores amigos en ciertos momentos guardan silencio y en medio del silencio saben disfrutarse el uno con el otro. Cuando estamos con personas que amamos en nuestras vidas suele suceder que solo su presencia basta para nosotros. Es algo que he aprendido en mi relación con Dios; aunque Él guarde silencio, tengo fe de que Él está ahí conmigo. Aunque Dios no hable, tengo la certeza de que está presente en medio de mi circunstancia, así que intento disfrutar esos momentos de silencio junto a Él y no permitir que el silencio entristezca mi corazón y cree un muro entre Dios y yo. Por otra parte, en aquellos momentos donde he preguntado a Dios ¿por qué? y no he recibido respuesta alguna, no me queda más que confiar en que Él tiene una perspectiva mayor de las cosas y sabe lo que está sucediendo y, de la misma manera, sabrá qué es lo mejor para mí. Pero, cuidado, no debes caer en el fatalismo donde nunca somos protagonistas de nuestra historia y la vida, simplemente, nos pasa enfrente de nuestros ojos y usar la famosa frase «así lo quiso Dios». No hablo de esto, hablo sobre aquellos momentos de nuestras vidas en los cuales no entendemos por qué pasan las cosas, aunque hagamos todo bien. Sin embargo, debemos mantenernos fieles y con la confianza puesta en Dios sin importar el resultado y cada día levantarnos de nuevo con una esperanza fortalecida en Jesús para intentarlo de nuevo. No en nuestras fuerzas, pero sí en las suyas. Porque, si lo intentamos cada vez con nuestras fuerzas, llegará el momento donde la frustración tomará el primer lugar en nuestro corazón y con ello perderemos la fe.

TEMPESTAD

«Ese día al anochecer, les dijo a sus discípulos:

—Crucemos al otro lado.

Dejaron a la multitud y se fueron con él en la barca donde estaba. También lo acompañaban otras barcas. Se desató entonces una fuerte tormenta y las olas azotaban la barca, tanto que ya comenzaba a inundarse. Jesús, mientras tanto, estaba en la popa, durmiendo sobre un cabezal, así que los discípulos lo despertaron.

—¡Maestro! —gritaron—, ¿no te importa que nos ahoguemos?

—¡Silencio!

—¿Por qué tienen tanto miedo? —dijo a sus discípulos—.

—¿Quién es este, que hasta el viento y el mar le obedecen?». Marcos 4:35-41.

Frente a todo temor y miedo, el mensaje central del texto lo podemos ver en la pregunta que Jesús hace: «¿Todavía no tienen fe?».

El apóstol Pablo escribe en una de sus cartas: «Sabemos que en todas las cosas interviene Dios para el bien de los que lo aman. Por consiguiente, es importante aprender a percibir la presencia del Señor en medio de las dificultades, a valorar lo positivo que se mezcla con lo negativo, y aferrarse a los signos de esperanza por pequeños que sean en medio de las tribulaciones y situaciones difíciles que la vida nos presenta».

La madurez humana y cristiana es saber vivir nuestras vidas a la luz de la palabra; no dejarse vencer por el mal, sino vencer el mal con el bien; saber asimilar las crisis y frustraciones de tal modo que, cuando falte lo ideal, pueda uno aferrarse a lo posible y no desfallecer jamás.

Los discípulos habían aprendido dos grandes enseñanzas aquel día en la barca. La primera y más obvia es que Jesús tiene poder sobre el viento y el mar, Jesús tiene poder sobre la naturaleza. Los discípulos se hacen una pregunta: «¿Quién es este que hasta el viento y el mar le obedecen?». Es el hijo de Dios, creador del mundo. Jesús tiene poder sobre la Creación. Él es todopoderoso; con solo dos palabras, Jesús calma la tempestad. Esto me hace pensar que la palabra de Jesús es poderosa, que la palabra de Jesús tiene autoridad. Por eso es bueno aprender la palabra de Dios. Así, en determinados momentos, podremos proclamar citas bíblicas, y el poder de Jesús por medio de su palabra nos traerá paz y tranquilidad, como sucedió con la tempestad. ¡Pruébalo!

Lo segundo que aprendieron fue a depositar su confianza en Él, activar o poner en marcha su fe, dejar el miedo a un lado. Jesús no los iba a abandonar, Jesús estaba cuidando de ellos, no tenía intención de que se ahogaran. Los discípulos le gritaron: «Maestro, ¿no te importa que podamos morir ahogados?». Claro que le importa, Jesús ama a sus discípulos. Los discípulos aprendieron a poner su confianza en Dios; aunque las situaciones externas no eran las mejores, si Jesús estaba presente, entonces ellos podrían tener la certeza de que todo saldría bien.

Por otra parte, Jesús muestra una tranquilidad inexplicable en medio de la gran tempestad, a diferencia de los discípulos, que estaban en un estado de pánico. Esto demuestra la confianza y seguridad que Jesús tenía en su Padre Celestial. Por lo cual ni el fuerte sonido del viento ni el enorme tamaño de las olas y ni siquiera el balanceo constante de la barca pudo despertarlo.

Esto nos deja ver claramente cómo debemos actuar cuando estemos sumergidos en una tempestad de esta magnitud, ya que la confianza puesta en Jesús nos permitirá reposar en su regazo y no perder el control ante las situaciones, problemas y momentos difíciles que se nos presenten. Sin embargo, Él tiene misericordia de nosotros y entiende nuestra debilidad y no nos juzga, sino que nos muestra el camino para alcanzar esa paz que sobrepasa todo entendimiento. Esta escena donde Jesús calma la tempestad nos demuestra que, cuando tenemos fe, la paz está junto a nosotros aunque estemos en medio de los peores momentos de nuestra vida.

Dios nos manda a ser valientes en los tiempos donde nuestra fe es puesta a prueba. Podemos leer su palabra y encontrar incontables ejemplos de esto. El hecho de estar andando fielmente en los caminos del Señor no nos librará de atravesar por las tormentas y tempestades de la vida.

El Señor no promete continuos tiempos de bonanza y paz a los suyos, ni que seamos librados siempre de experiencias amargas o de peligro. Pero de lo que sí podemos tener seguridad en estas circunstancias es de dos cosas: que el Señor estará con nosotros durante todo el camino y que podemos confiar en Él porque Él ya ha vencido, por lo tanto, nada podrá impedir que lleguemos al otro lado del mar tal cual lo hicieron los discípulos en la barca.

Creo que los tiempos de tempestades en nuestras vidas son una oportunidad increíble para formas nuestro carácter, para formar en nosotros actitudes y bases sólidas que tienen una gran importancia en lo eterno.

En una ocasión estaba en casa de un amigo para pasar un tiempo de vacaciones. Era bastante tarde en la noche, pero yo seguía despierto acostado en la cama y con el celular en la mano. De repente empiezo a sentir un dolor incómodo e intenso en mi brazo izquierdo, sentía que la cabeza me daba vueltas y empecé a sentir que me costaba mantener un ritmo para respirar. Me entró un poco de miedo, me angustié, busque rápidamente en internet sobre estos síntomas y la internet decía que podría ser el inicio de un ataque cardiaco. Cuando leí esto me asusté muchísimo, la respiración se volvió más difícil, el dolor en el brazo era más intenso y me sentía totalmente débil. Mi amigo lo notó, buscó su auto y me llevó directamente al hospital. Recuerdo que en el hospital me hicieron todo tipo de exámenes para descartar cualquier ataque cardiaco o parálisis cerebral si fuera el caso. Después de los exámenes, la doctora se acercó a mí, me miró a los ojos y me dijo: «Tranquilo, tú estás bien, no pasa nada; simplemente, tienes un ataque de ansiedad». ¿Cómo? ¿Un ataque de ansiedad? No conocía eso, pues nunca me había pasado; para mí era nuevo y confuso.

Lo más tremendo de todo es que estuve por una semana con una debilidad profunda en mi cuerpo, no tenía fuerzas para caminar, ni siquiera para tener conversaciones largas y extensas. Lo único que podía hacer era dormir y comer. Pero esto no paró allí, los siguientes seis meses tuve constantemente ataques de ansiedad. Con el tiempo los fui manejando mucho mejor, pero llegó un punto en que me di cuenta de que necesitaba atender este problema de una forma distinta.

Yo estaba atravesando por un tiempo de tempestad, pues estos ataques de ansiedad me robaban la paz y la fuerza. Yo no podía trabajar de forma efectiva, no me sentía yo mismo, por lo tanto, cada vez que empezaba a sentir estos síntomas tomaba mi guitarra y empezaba a tener tiempos de alabanza y oración. La primera vez que lo hice noté la diferencia, me sentía mucho mejor, así que decidí no tomar ningún tipo de medicamento en contra de estos ataques de ansiedad y acudir a la única persona que podía calmar esa tempestad en mi vida.

En esos tiempos de alabanza de oración con mi guitarra, en esos tiempos a solas con Dios, sentía la fuerza necesaria para combatir lo que estaba pasando en mi cuerpo. Después de esos seis meses, esos ataques de ansiedad menguaron considerablemente y han pasado ya varios años y no he tenido ninguna recaída de la misma magnitud. En mi experiencia personal, la alabanza a Dios me ayudó a manejar la ansiedad y el estrés.

Saben, yo conocía la teoría, yo sabía que a través de la alabanza y de la oración hay una conexión especial con el espíritu de Dios, pero cuando tenía ataques de ansiedad ese conocimiento se convirtió en una verdad que pude experimentar y vivir desde lo profundo de mi alma. Aunque era algo que enseñaba algunas veces a otros jóvenes, en esta ocasión fue algo que Dios me permitió profundizar mucho más para acercarme a su corazón y entender el poder que tiene adorarle y tener tiempos íntimos con Él.

Esta fue la única forma en la que yo encontré paz y sanidad. Así como los discípulos en la barca acudieron a Jesús para que les ayudara a calmar la tormenta, así debemos hacer nosotros en esos tiempos: no olvidarnos de Él y acudir a su ayuda. Aunque los discípulos entraron en un estado de terror y pánico, Jesús, de igual manera, respondió, los ayudó, los protegió y los salvó.

Es simplemente una muestra más de su gracia a pesar de nuestra falta de fe y esta falta de fe no debe ser una condenación para nuestras vidas, sino una oportunidad para reconocer que debemos crecer en ella. Es así como las tempestades que vivimos en nuestras vidas son, sin duda alguna, una buena oportunidad para esto. No quiero decir que Dios envía las tempestades a propósito, como un Dios malo que está jugando con nuestras vidas, de ninguna manera. Pero sí creo que estas situaciones difíciles, esas tempestades en el barco de nuestras vidas, son una forma práctica y muy directa que Dios puede usar para que nosotros aprendamos cosas que son importantes para el crecimiento de nuestra vida cristiana. Además, estas tempestades también son oportunidades para conocer un poco más a Jesús, a nuestro Dios Padre y al Espíritu Santo, tal cual como lo experimentaron los discípulos al darse cuenta de que Jesús también tenía el poder sobre los vientos y sobre las aguas. Si estás viviendo un tiempo de tempestad, entonces date la oportunidad de descubrir algo nuevo de Dios en medio de ella.

No te enfoques tanto en lo grande del problema ni en la dificultad, mejor enfócate en la grandeza y la majestad de Dios, que es todo poder contra toda dificultad y todo problema.

Está permitido asustarse, está permitido llorar, está permitido estar tristes y agobiados porque somos seres humanos, somos emocionales y, en esos tiempos de tempestad, esos sentimientos vienen a nosotros; es normal y hacen parte del ser humano, pero, en el momento en que permitimos que esos sentimientos y pensamientos nos controlen, entonces, estamos negando la oportunidad de descubrir a Jesús en medio de estas dificultades y tempestades.

Nos estamos perdiendo de un tesoro enorme y de una bendición sin precedente para nuestras vidas en el momento que no acudimos a Jesús. Que tu oración, tu clamor, tu alabanza despierten una atención especial en Jesús, para que Él se levante a tu favor y te lleve al otro lado del mar. Yo quiero animarte a tomarte una pausa de algunos minutos y con un corazón sincero hablar con Dios. Es importante reconocer que no hemos confiado de la manera que Dios lo anhela y que nos ha costado soltar nuestras cargas y depositarlas en sus manos. Dios desea mostrar su gloria en nuestras vidas, en su deseo llevarte a dimensiones nuevas en tu fe, pero es necesario entregar las llaves de nuestras vidas.

CAER

Durante mi tiempo de servicio en el Ministerio de Misiones, tuve un momento de oscuridad en mi vida: había pecado contra Dios y fallado a mis principios. Mis errores me llevaron a entrar en una disciplina ministerial y espiritual. Confieso que fue difícil para mí dejar a un lado todas las actividades ministeriales en las cuales estaba involucrado. Estaba pastoreando a un grupo de jóvenes, involucrado en el liderazgo de la alabanza, y en el grupo de evangelismo lideraba proyectos de oración para la ciudad, entre otras actividades. Pero era necesario concentrarse en sanar, limpiar, reflexionar sobre las cosas que había hecho.

Estaba verdaderamente arrepentido y avergonzado con mis colegas y líderes. Dios me enseñó lo que significa su gloria; aun en mis caídas, Él se manifestó, se mostró amoroso para corregir, me llevó de su mano para aprender la importancia de la vida en santidad. Durante ese tiempo, aprendí que no hay un mejor lugar que estar de rodillas ante Dios, dejar que mi corazón, alma y espíritu se acerque a Él, no por lo bueno que yo pueda ser, sino precisamente por lo imperfecto que soy, y sentir la necesidad vibrante que tengo por Jesús.

Sin Él estoy muerto y lleno de pecado, pero su gracia me alcanzó. No estamos exentos de pecar, pero caer en pecado y no levantarse de nuevo es un error. No somos perfectos y, si hemos caído en nuestras vidas, abandonemos el temor de levantarnos de nuevo, no dejemos que la vergüenza nos robe el lugar que nos corresponde. Dios te ama y te ha perdonado, entonces, no te fijes en la mirada de los hombres, sino en la mirada de tu Padre Celestial que te cuida por siempre.

«Porque siete veces podrá caer el justo, pero otras tantas se levantará; los malvados, en cambio, se hundirán en la desgracia». Proverbios 24:16.

Todos estamos expuestos a pecar de muchas formas, así que ninguno de nosotros puede sentirse más justo que otro. Estamos tentados a pecar con el pensamiento, a través de nuestras palabras y por nuestros actos. No somos practicantes del pecado, porque Jesús nos regaló la justificación y la redención de los pecados, es nuestro abogado y, por el poder del Espíritu Santo, somos redargüidos para tomar sabias decisiones, apartando toda práctica que nos contamina y daña. Un pecado que considero peligroso para la humanidad es cuando las personas llegan a creerse buenos y santos, hasta el punto de hacer señalamientos y juzgar a los demás como pecadores.

Permitamos que Dios obre en medio de nuestras caídas, seamos sensibles a Él para que haga su obra en nuestro corazón y forme nuestro carácter. No hay una recompensa más grande que salir de tiempos oscuros, sabiendo que permitiste a Jesús ser la luz en tu vida, recibiendo revelaciones del cielo que se quedarán eternamente grabadas en tus pensamientos y en tu corazón, para convertirlos de alguna forma en la batuta que guía tus decisiones y estilo de vida. Estamos en un constante crecimiento como personas que seguimos a Jesús, caer es parte del proceso, sin importar qué tan grande es la caída o qué tan duro es el golpe.

«Por tanto, hermanos, sepan que por medio de Jesús se les anuncia a ustedes el perdón de los pecados. Ustedes no pudieron ser justificados de esos pecados por la ley de Moisés, pero todo el que cree es justificado por medio de Jesús». Hechos 13:38-39.

Pablo describió el pasado lleno de tropiezos y recuperación de Israel a la Iglesia de los corintios, con el fin de prestar atención a los ejemplos del Antiguo Testamento y aprender de sus errores y aciertos.

«Todo eso les sucedió para servir de ejemplo y quedó escrito para advertencia nuestra, pues a nosotros nos ha llegado el fin de los tiempos. Por lo tanto, si alguien piensa que está firme, tenga cuidado de no caer». 1 Corintios 10:11.

Los tropiezos espirituales son visibles cuando caminamos en la carne y por la vista, en vez de hacerlo por la fe. Pablo admitió que la tentación es común para todos nosotros, todos nos tropezamos. Pero él también dijo que podemos fortalecernos al tomar el escape que Dios provee antes de caer. Necesitamos asegurarnos de que nuestra estructura espiritual no sea debilitada por creencias, actitudes y hábitos que nos distraen de permanecer en nuestro camino con Dios.

Debemos ser conscientes de los impedimentos espirituales y de los bloqueos que nos hacen tropezar, y tratarlos bíblicamente. La Biblia describe algunos elementos que, cuando se usan de forma proactiva, nos pueden ayudar a recuperarnos de una vida llena de tropiezos constantes.

Lo primero es caminar en el Espíritu y mantener el paso a su lado. Si caminamos en el Espíritu, no tendremos indulgencia en los deseos de la carne ni volveremos a ser esclavos del pecado. Cuando caminamos en la libertad que nos ha dado el Espíritu Santo, entonces nuestras vidas reflejarán su presencia y daremos frutos dignos de arrepentimiento para el Señor. El Espíritu Santo nos lleva a glorificar a Jesús y esto hace que deseemos caminar con Él y hacer las mismas cosas que Él hacía.

La sabiduría es clave. Cuando nos sostenemos en la sabiduría que viene de lo alto, nuestro camino será más seguro. Debemos ser cuidadosos en nuestra forma de caminar, dice Pablo, y deberíamos perseguir el camino de la sabiduría, el cual nos puede orientar al camino de la rectitud; nos hace más fácil el hecho de seguir adelante sin trabas, de acuerdo a los planes de Dios.

Otro elemento es la palabra de Dios, la cual es luz para nuestro camino. Satanás, la cultura del mundo y nuestros apetitos de la carne son nuestros enemigos. Nos alimentan con mentiras incontables, pero, cuando estamos firmes en la palabra de Dios, tenemos armas para luchar en contra de la tentación. La palabra nos enseña a caminar en la verdad, a ayudar a otros a caminar en la verdad y nos da mayor conocimiento de quién es Él. Leer la Biblia nos entrena y capacita para enfrentar los obstáculos de la vida. En la palabra de Dios, hay poder para vencer el pecado.

Jesús nos anima a amar a otros, de la misma forma que Él nos ha amado. Si estamos viviendo un amor bíblico, no nos tropezamos con el egoísmo. La verdad es que, cuando caminamos en amor, no nos alegramos cuando otras personas tropiezan y caen. Tendremos la capacidad de servir a los caídos y ayudarlos para levantarse a través y por la causa del amor.

Por último, caminar sabiendo que somos hijos de Dios, dispuestos a que Él cumpla su propósito en nuestras vidas, abrazando su perfecto amor que ha sido derramado en nuestros corazones y haciendo las buenas obras para las cuales hemos sido creados.

La Biblia comparte muchos ejemplos de hombres y mujeres que tropezaron espiritualmente, a veces pagando un alto precio por su pecado, pero no se quedaron abajo. Por la gracia de Dios, y con su ayuda, se levantaron y comenzaron a caminar con Él otra vez. David cayó en un pecado tremendo, pero una vez más caminó con el Señor y además se convirtió en un rey memorable para el pueblo de Israel. Jacob mintió repetidamente, pero luego el Señor lo usó para educar y enseñar la verdad a doce hijos que se convirtieron en los líderes de las tribus de Israel. Pedro, cobardemente, se tropezó muy fuerte cuando negó a su Señor, pero aun así se regocijó en el poder de Cristo y se convirtió en un líder valiente en la Iglesia del Nuevo Testamento.

Satanás quiere que creamos que Dios no quiere nada con nosotros cada vez que tropezamos, pero no es cierto. Dios nunca desecha a nadie, Él siempre tiene interés y se preocupa cuando los santos tropiezan, porque desea sostener a quienes están en proceso de caída, pero, si caen, ni siquiera así están alejados por completo. La mano de Dios siempre levanta a los pecadores para que caminen con Él otra vez. Caernos, pero nunca alejarnos de Dios. La verdad maravillosa de la escritura es que Dios mismo dice que nos ayuda a recuperarnos cuando caemos y que Él redime nuestro camino para su gloria y deleite.

7
BUSCANDO VIVIR EN ABUNDANCIA

Al contrario de un ladrón, Jesús no viene por motivos egoístas. Viene a dar, no a recibir. Viene para que la gente pueda tener una vida en Él que tenga sentido, propósito, gozo y sea eterna. Recibimos esta vida abundante en el momento en que lo aceptamos como nuestro Salvador. Esta palabra, *abundante*, en el griego es *perisson*, que quiere decir «excesivamente, muy altamente, más allá de la medida, una cantidad tan abundante como para ser considerablemente más de lo que uno espera recibir».

«El ladrón no viene más que a robar, matar y destruir; yo he venido para que tengan vida, y la tengan en abundancia». Juan 10:10.

En resumen, Jesús nos promete una vida mucho mejor de lo que podríamos imaginar. El apóstol Pablo nos dice que Dios es capaz de hacer muchísimo más de lo que pedimos o pensamos, y lo hace con su poder, un poder que actúa en nosotros si le pertenecemos.

«Sin embargo, como está escrito: Ningún ojo ha visto, ningún oído ha escuchado, ninguna mente humana ha concebido lo que Dios ha preparado para quienes lo aman». 1 Corintios 2:9.

Antes de que empecemos a tener visiones de casas lujosas, autos caros, cruceros por todo el mundo y más dinero de lo que podamos tener ahora en nuestras cuentas bancarias, tenemos que pararnos a pensar en lo que Jesús enseña con respecto a esta vida abundante.

La Biblia nos dice que la riqueza, el prestigio, la posición y el poder en este mundo no son las prioridades de Dios para nosotros. En términos de estatus económico, académico y social, la mayoría de los cristianos no provienen de las clases privilegiadas. Está claro, pues, que la vida abundante no consiste en la abundancia de cosas materiales. Si así fuera, Jesús habría sido el más rico de los hombres. Pero es justo lo contrario. La vida abundante es la vida eterna, una vida que comienza en el momento en que venimos a Cristo y lo recibimos como Salvador, y continúa por toda la eternidad. La definición bíblica de la vida, específicamente de la vida eterna, la proporciona el propio Jesús.

«Y esta es la vida eterna, que te conozcan a ti, el único Dios verdadero, y a Jesucristo, a quien tú has enviado». Juan 17:3.

Esta definición no menciona la duración de los días, la salud, la prosperidad, la familia o la ocupación. De hecho, lo único que menciona es el conocimiento de Dios, que es la clave para una vida verdaderamente abundante.

¿Qué es la vida abundante? En primer lugar, la abundancia es una abundancia espiritual, no material. De hecho, a Dios no le preocupan demasiado las circunstancias físicas de nuestra vida. Él nos asegura que no debemos preocuparnos por lo que comeremos o vestiremos. Las bendiciones físicas pueden o no ser parte de una vida centrada en Dios; ni nuestra riqueza ni nuestra pobreza son una indicación segura de nuestra posición con Dios. Salomón tenía todas las bendiciones materiales disponibles para un hombre y, sin embargo, encontró que todo no tenía sentido. Pablo, en cambio, se conformaba con cualquier circunstancia física en la que se encontrara.

«No digo esto porque esté necesitado, pues he aprendido a estar satisfecho en cualquier situación en que me encuentre. Sé lo que es vivir en la pobreza y lo que es vivir en la abundancia. He aprendido a vivir en todas y cada una de las circunstancias, tanto a quedar saciado como a pasar hambre, a tener de sobra como a sufrir escasez». Filipenses 4:11-12.

En segundo lugar, la vida en abundancia no está determinada por la calidad o estándar de vida en la tierra, sino por la relación con Dios. La vida del cristiano gira en torno a crecer en la gracia. Esto nos enseña que la vida abundante es un proceso continuo de aprendizaje, práctica y maduración, así como de fracaso, recuperación, ajuste, resistencia y superación. Un día veremos a Dios cara a cara y lo conoceremos completamente Ya no lucharemos con el pecado y la duda. Esta será la vida abundante finalmente realizada.

Aunque naturalmente deseamos las cosas materiales, como cristianos nuestra perspectiva de la vida debe ser revolucionada. Así como nos convertimos en nuevas creaciones cuando venimos a Cristo, también debe transformarse nuestra comprensión de la abundancia. La verdadera vida abundante consiste en una abundancia de amor, alegría, paz y el resto de los frutos del Espíritu Santo, no en una abundancia de cosas. Consiste en una vida que es eterna y, por lo tanto, nuestro interés está en lo eterno, no en lo temporal.

MINISTERIO

Caminar con Jesús ha sido la experiencia más grande que he podido tener en toda mi vida y, en lo personal, quiero ir por más, experimentar el poder de Dios, acercarme más a Jesús, ser un íntimo de Él, un seguidor que siempre está a su lado, sentir su presencia con más fuerza, pasión y fuego, quiero ver el cielo descendiendo a la tierra: ese es el anhelo de mi corazón.

Esto aún no termina, hay más de Dios para nosotros. Creo que, cuando un cristiano se conforma con lo que ha vivido y experimentado de Dios, deja de ir a las profundidades del conocimiento que nace a través de sus enseñanzas; en pocas palabras, deja de vivir en abundancia.

Parte de las cosas nuevas que he podido experimentar con Dios ha sido cómo Él se ha manifestado en la vida de muchas personas aquí en Suiza. Ha sido un privilegio para mí como latino ser parte de lo que Dios está haciendo en esta nación.

Junto con mi esposa hemos salido a las calles a predicar la palabra de Dios, acercando el corazón de la gente a la persona de Jesús. Hemos tenido diferentes testimonios de cómo Dios se ha manifestado. Recuerdo una vez en un evangelismo mi esposa tuvo la oportunidad de hablar con una mujer, la cual se sintió conmovida mientras estaba hablando con mi esposa. Aquella mujer decía que era un regalo poder escuchar acerca de Jesús. Nos permitió regalarle una Biblia, orar por ella y bendecirla. Ese día esta mujer tuvo una reconciliación con Jesús y fue a su casa con una palabra de esperanza para su vida.

En otra ocasión, junto con un compañero, estábamos caminando en las calles de la ciudad de Zúrich y había una mujer que caminaba usando muletas. Nos acercamos y le preguntamos si podíamos orar por ella. El primer milagro sucede en que esta mujer estaba ansiosa y dispuesta, deseando que oráramos por ella. La razón por la cual usaba muletas era porque tenía una pierna más larga que la otra, por tal motivo, su cuerpo no tenía una posición correcta y esto producía dolores de cadera y espalda. Le pedimos a la mujer que tomara asiento en una de las bancas de las estaciones del tren, que era el lugar en que nos encontrábamos. Por cierto, era una tarde lluviosa, las bancas de las estaciones estaban mojadas y la señora no quería sentarse, pero ella seguía ansiosa y dispuesta para que oremos por ella. Yo tampoco quise perder la oportunidad que nos estaba dando Dios aquella tarde, así que decidí secar las bancas con mi chaqueta. Era necesario que ella se sentara para poder medir sus piernas; efectivamente, una era más larga que la otra por algunos centímetros. En el nombre de Jesús oramos por una sanidad. Tanto ella como nosotros fuimos testigos de cómo su pierna se estiró y logró la medida correcta. Ella se sorprendió, nos miró a los ojos y dijo: «Es cierto, esto es real». Nosotros la miramos de igual forma, sonriendo y diciéndole: «¡¡Sí!! Jesús es real. Él sana, quiere salvarte, Él quiere tener una relación contigo, Él quiere que lo conozcas». Esa tarde lluviosa fue la oportunidad que Dios tenía para que esta mujer se acercara a la persona de Jesús.

En otra ocasión, estaba con mi esposa tomándonos un café, sentí en mi corazón la necesidad de hablar con una mujer que estaba justo al frente de nuestra mesa. La impresión que yo tenía era que esta mujer estaba viviendo una situación difícil, pero que, en medio de la situación, Dios quería apoyarla y sostenerla. Me levanté de la mesa, me acerqué a ella y le dije: «Disculpe, usted no me conoce, pero yo quiero compartirle algo: siento muy profundo en mi corazón que Jesús quiere decirle que la ama, que está con usted y que el momento que está viviendo es simplemente una tempestad y en medio de la tempestad Dios quiere sanarla». Esta mujer me confiesa con llanto que ha tenido varias cirugías en sus ojos por causa de una enfermedad que la está dejando ciega, para ella ha sido un trauma tener que pasar por todos estos procesos. La palabra que Dios puso en mi corazón para esta mujer trajo a su vida esperanza y paz a su corazón. Fue lo que ella sintió y compartió conmigo.

Otro día me encontraba en la estación de tren en la ciudad de Zúrich y me encontré con un hombre que tenía un problema en una rodilla, pues él trabajaba ocho horas de pie en un hospital y llevaba haciendo este trabajo por más de quince años. Él me contó que tenía un dolor profundo e intenso en su rodilla, le pregunté si podía orar por él y estuvo de acuerdo. Al momento de la oración, él sintió un fuego que se introdujo en su rodilla e inmediatamente el dolor desapareció. En ese mismo instante le compartí las nuevas buenas de la salvación y ese día este hombre le entregó su vida a Jesús.

Dios nos ha guiado a usar los medios audiovisuales en nuestro ministerio y hemos transmitido algunas enseñanzas por medio de videos. Han sido reflexiones cortas, precisas y concretas. Para mi sorpresa, estas enseñanzas por medio de la internet han llegado a muchas personas. He recibido varios testimonios de cómo estos contenidos digitales han sido de bendición para estas personas. Escuchar estos testimonios alegran mi corazón. Aquí, uno de ellos:

Una mujer en Suiza, la cual, por medio de estos contenidos digitales, recibió libertad en su vida. Un espíritu de depresión la tenía atada y, a través de las enseñanzas de la palabra de Dios que yo estaba compartiendo, ella fue libre. Sintió cómo Jesús venía a su vida y le traía una nueva oportunidad. La misma mujer me escribió un correo, dando gracias por hacer estos contenidos digitales. Qué sorpresa que aun a través de la tecnología Dios mueve su poder para liberarnos, sanarnos y salvarnos.

Uno de los proyectos en los cuales trabajo también por medio de nuestro ministerio es producir una Biblia en audio en el dialecto del Cantón de Zúrich. No ha sido un proyecto fácil de iniciar e incluso un proyecto incomprendido por algunos, pero me anima saber de personas que han escuchado esta Biblia en audio y se han sentido tocados por Dios.

Recuerdo el comentario de un joven. Me dijo que al escuchar esta Biblia había tenido la revelación de que el Espíritu Santo podría ser su amigo. Esta revelación llegó, simplemente, por el hecho de que este joven escuchó la Biblia en el idioma de su corazón, es decir, en su dialecto. El impacto fue mucho mayor porque las palabras, al escucharlas, tenían más cercanía que al escucharlas en el idioma alemán.

Todo este trabajo ministerial que hemos podido desarrollar durante los últimos años en este país ha sido para mí una oportunidad de dar algo significativo a este hermoso país. Ha significado para mí poder servir y aportar en la vida espiritual de esta nación y, por otro lado, poner en práctica todo lo que aprendí en Latinoamérica.

Es mi deseo que a través de nosotros y por medio de otros se sigan multiplicando seguidores para Jesús y estableciendo su reino en Suiza y en todas las naciones de la tierra. Porque, al fin y al cabo, de eso se trata, de tener una vida abundante.

Un testimonio más que me gustaría compartirles es sobre una mujer musulmana, la cual una noche había tenido un sueño sobre un hombre que venía a su cuarto y la visitaba; le decía que él estaba buscándola. Lo interesante es que esa misma noche una de sus hijas tuvo exactamente el mismo sueño, era el mismo hombre, con la misma ropa, diciendo las mismas palabras. Este hombre en el sueño decía que él era Jesús. La mujer estaba confundida y estaba buscando respuestas por tan curiosa situación; por otra parte, su hija estaba nerviosa y deseaba tener una explicación de lo sucedido.

Ellas se comunicaron, en primer lugar, con una de las maestras de su curso de alemán para hablar sobre el tema. La maestra conocía a mi esposa y le contó sobre lo que había sucedido, ya que esta familia también nos conocía a nosotros y ya habíamos tenido varios encuentros con ellos, donde les enseñábamos el idioma alemán y también en algunas ocasiones habíamos visitado su casa.

Entonces mi esposa las invitó a tomar un café a nuestro apartamento y allí les explicó quién era esta persona del sueño y lo que quería de ellas. Mi esposa tuvo la oportunidad de hablar de Jesús como nuestro Salvador e hijo de Dios, como aquel que murió por nosotros y nos dio vida eterna. Fue así como esta mujer y su hija aceptaron a Jesús en sus vidas. Con el tiempo, sus otras hijas también tomaron la decisión de seguir a Jesús. Por otro lado, esta mujer tuvo dificultades con su esposo y sus familiares, quienes la rechazaron por la decisión que había tomado, pero ella sabía que lo que había encontrado era la verdad y estaba dispuesta a perderlo todo con tal de mantenerse a los pies de Jesús.

Hoy en día ella vive sola con sus hijas y es parte de una comunidad cristiana para el mundo árabe. Esta mujer entendió dónde estaba la fuente de la abundancia y se aferró a ella. Sin lugar a dudas, la abundancia en Dios no tiene que ver exclusivamente con el dinero y las comodidades.

En mi opinión, todo lo que he podido ver de Dios por medio de nuestras vidas y nuestro trabajo ministerial ha sido una prueba de lo que significa una vida abundante. Las enseñanzas que he tenido por medio de los viajes, por medio del contacto con las personas, la cercanía al corazón de la gente, ser parte del cambio, estar involucrado en los planes de Dios son cosas que, definitivamente, el dinero nunca podrá comprar y experiencias de vida que traen un significado y valor único a los años que Dios me ha permitido vivir. Lo digo de nuevo: no es que yo sea perfecto, porque, aunque tengo estos testimonios para compartir, también me he equivocado en diferentes ocasiones y, aun en medio de todo lo que soy como ser humano, sigo intentando no perder la conexión de tener una vida abundante en Dios.

Algo que acostumbro a hacer en el verano es ir a lugares altos, donde pueda tener una vista hermosa de la ciudad de

Zúrich o de sus alrededores. Estando allí hablo con Dios, bendigo la región y me tomo el tiempo para escuchar lo que Dios quiere decir a la región, al país. Una de las cosas que hace algunos años sentí en mi corazón fue la pobreza espiritual que el país tiene, la decadencia en la fe que está viviendo la nación. Esto no es un gran secreto para nadie.

Las iglesias reúnen pocas personas. Alcanzar a las nuevas generaciones se ha convertido en un trabajo muy difícil de realizar. Muchos se alejan del cristianismo o muchos cristianos se acercan con más simpatía a ideologías humanistas. No lo digo yo, no es una primicia en las líneas de estos párrafos sobre la situación de Europa y Suiza en cuanto a la fe cristiana. Hay muchos desafíos y son notables las carencias que hay. Esto lo vienen diciendo líderes de influencia cristiana alrededor de Europa durante los últimos años y los frutos hablan por sí solos. Es una pena que sea así, pero no significa que Jesús esté perdiendo terreno en estas naciones. Creo que puede ser una oportunidad de oro para traer una nueva reforma a la Iglesia, un aire fresco, un avivamiento y cambios que sean relevantes para las nuevas generaciones.

Volviendo al tema de la pobreza espiritual de Suiza, algo que sentía era que la falta de entendimiento de una vida abundante era una de las causas de la distracción que aleja a las personas de Dios. Pues de qué sirve tanta riqueza material, de qué sirve vivir de una manera tan cómoda, si al final del camino lo único que vamos a encontrar va a ser muerte y perdición. La vida en abundancia es una vida que trae una riqueza espiritual y esta riqueza espiritual nos lleva a la verdadera vida eterna en Cristo Jesús. No me malinterpreten, no estoy en contra de tener comodidades y tener dinero en cuanto sea necesario y justo. Por causa de nuestro esfuerzo, merecemos nuestro salario. Pero también la Biblia dice y nos enseña que no podemos servir a dos señores. Jesús debe ser el centro y la prioridad, solo así la vida en abundancia vendrá a nosotros.

«Nadie puede servir a dos señores, pues menospreciará a uno y amará al otro, o querrá mucho a uno y despreciará al otro. No se puede servir a la vez a Dios y a las riquezas». Mateo 6:24.

¡¡Cuidado!! No sirvamos a las riquezas, pero trabajemos para que las riquezas nos sirvan a nosotros y a la visión que nosotros seguimos, es decir, la visión que Dios nos ha entregado.

Las riquezas deben servir para el establecimiento del plan de Dios para nuestras vidas, para la vida de otros, pero sobre todo para su reino. Una vida en abundancia significa que somos libres del espíritu de Mammón. Y ser libres del espíritu de Mammón no significa ser pobres, no significa tener poco, no significa no comprar aquellas cosas que necesitamos o desearíamos tener. Significa que el dinero no nos manipula, no nos controla, no nos esclaviza. Significa que nuestras decisiones, nuestro estilo de vida y nuestras prioridades no están influenciadas por el dinero, sino por Dios.

Cuando esto suceda en nosotros, entonces nos acercaremos a una vida abundante, donde, aun en medio de la riqueza o pobreza material, experimentaremos una libertad espiritual. No vivamos una vida superficial para demostrar a los demás lo bien que estamos, no vivamos para mostrar a otros nuestros bienes materiales y lo costosos que fueron.

Una vida abundante es una vida transparente, donde reconocemos nuestras debilidades, nuestros errores, nuestros problemas, nuestras imperfecciones, y nos dejamos sorprender y llenar de la gracia de Dios.

Una vida donde la fe y la esperanza se mantienen para ayudarnos a vivir la cruda realidad de nuestros tiempos. Prefiero mil veces esa vida a una vida superficial de fachada de colores.

PROVISIÓN

En una ocasión, había una conferencia en una de las ciudades de Colombia, donde se hablaba acerca de las misiones en Latinoamérica, y yo quería asistir. Creía y sabía que era importante estar presente en esa conferencia y recibir esa capacitación. Busqué en mi billetera el dinero para comprar *tickets*, pagar la conferencia y el hotel. Tenía solo el dinero necesario para ir y asistir, pero no para regresar de nuevo a mi casa. Tomé la decisión, sin importar que las finanzas no fueran suficientes. Compré el *ticket*, pagué las entradas al seminario y estuve en esa ciudad de Ibagué, a unas siete horas de mi casa. Disfruté el seminario, Dios me enseñó cosas muy valiosas y eternas. Recibí una motivación que era necesaria para mí en ese tiempo. Pude conocer personas que también estaban involucradas en misiones y fue un momento clave para mi vida y ministerio. Cuando finalizó el seminario, luego de tres días de actividades y bendiciones, no sabía qué hacer, pues no tenía el dinero para regresar a mi casa.

Solo tenía algunos pesos colombianos para tomar el taxi desde el salón del seminario hasta la estación de buses. Estuve orando a Dios, pidiéndole su provisión. Yo no conocía a nadie en esa ciudad y estaba tan solo allí con mi maleta y sin ningún medio para regresar a casa. En algún momento pensé que había cometido un error, no debía haber gastado mi dinero en ir a ese seminario, sin plan de retorno.

El problema era que, si no lo hacía, no tendría la oportunidad de estar presente. Ya estaba ahí, un joven de veintiún años de edad sentado en la estación de los buses, esperando un milagro de Dios para regresar a casa.

El tiempo pasaba, los minutos y las horas. Comencé a preocuparme. En mi cabeza intentaba buscar alguna solución: quizás pedir prestado dinero a algún amigo, llamar a conocidos cercanos que pudieran recogerme, e incluso pensé en pedirle dinero a la gente que estaba en la estación del bus y hablarles de mi situación. Pero al final no hice nada de eso. Simplemente, me quedé sentado esperando un milagro.

Durante la espera, una mujer de aproximadamente unos cuarenta años se sentó a mi lado. Iniciamos una conversación en donde me preguntó de dónde venía y qué hacía allí. Yo le respondí y le compartí mi experiencia en el seminario. Le dije también que estaba esperando el bus para regresar a casa. Hablamos alrededor de quince minutos. Después de nuestra conversación, la mujer se levantó, me miró y me deseó un buen día. Al estrecharme su mano, me dio treinta mil pesos colombianos. Me miró por segunda vez, me dijo: «Dios te bendiga» y se fue.

Yo me quedé mirando el dinero en mis manos... Cuando reaccioné para decir gracias, o al menos decirle que tenga un buen día, era demasiado tarde. Pues la mujer ya no estaba ahí, se había ido. Caminé un poco por la estación y sus alrededores para encontrarla y poder darle las gracias, pero no lo logré. Esos treinta mil pesos colombianos era justo el dinero que necesitaba para pagar el *ticket* del bus y poder viajar hasta mi ciudad. Hoy en día sigo pensando que esa mujer fue un ángel enviado por Dios para proveerme. Mi corazón estaba conmocionado. Durante las siete horas de viaje solo tuve palabras de agradecimiento a Dios. Esta experiencia me enseñó a ver la provisión sobrenatural de Dios en mi vida y conocer a un Padre Celestial que cuida y provee a los suyos. Debo anotar que, durante la conversación que tuve con esta mujer, nunca le mencioné mi situación actual, nunca le pedí dinero o hice alguna insinuación al tema.

Dios tiene un plan para la vida de cada uno de nosotros, una misión, una parte importante y única que nos ha dado en su plan eterno. No porque nos necesite, sino porque ha decidido, por amor, darnos un lugar en su trabajo. Ha extendido su mano y ha dicho: «Ven conmigo».

Cada vez que tenemos una tarea que hacer, necesitamos la inversión para hacerla. Si alguien quiere construir una casa, necesita el dinero, espacio, materiales, trabajadores, etc.

Necesitamos cosas para lograr los objetivos. Esto lo sabe Dios, por lo tanto, Él ha prometido equiparnos con todos los suministros necesarios para caminar en sus planes. Si Dios te llamó a hacer algo, entonces también de va a proveer para que lo hagas. Recuerda: Él es un buen padre y sabe lo que sus hijos necesitan.

El diccionario define provisión como una acción que consiste en proporcionar lo necesario a alguien para un fin determinado. La provisión es necesaria para solventar una necesidad. Podemos dividir la provisión en dos conjuntos: el primero, el de lo material, es decir, la comida, una casa, abrigo y techo; todas las cosas que necesitamos para vivir, físicamente hablando.

El segundo conjunto abarcaría una provisión espiritual, o sea, los dones, la unción y el respaldo de Dios, necesarios para cumplir la tarea que nos haya asignado.

La división en estos dos grupos es algo meramente didáctico, ya que, al fin y al cabo, Dios es quien ve nuestra necesidad, es quien la suple y ambos tipos de cosas, físicas y espirituales, son necesarias para nuestra vida y están estrechamente relacionadas.

«Así que mi Dios les proveerá de todo lo que necesiten, conforme a las gloriosas riquezas que tiene en Cristo Jesús». Filipenses 4:19.

Sin embargo, Dios no solo quiere proveernos las cosas básicas que necesitamos, sino que desea bendecirnos en abundancia. Abundancia es prosperidad y bienestar.

Un problema muy serio en la actualidad es que vivimos en una sociedad rotundamente materialista. Damos valor a nuestra vida, y a la de los demás, dependiendo de la cantidad de cosas materiales que poseemos, nuestro modelo de teléfono celular, la marca de nuestros zapatos, el modelo de automóvil o el logotipo en la camisa que vestimos. Hemos puesto nuestro valor en las cosas.

Eso nos ha llevado a poner lo material en un lugar de preeminencia en nuestra vida. Confundimos provisión y abundancia de Dios con tener todo cuanto nuestros ojos desean. Los cristianos hemos llegado a ser tan materialistas y superficiales como si no conociéramos en absoluto las cosas más valiosas que Dios nos ha dado.

Para vivir la abundancia de Dios en nuestras vidas, debemos vivir el principio de dar y bendecir a otros. Debemos honrar a Dios con todo lo que tenemos, reconocer que ha sido Él quien nos ha dado la oportunidad de tener un trabajo, un estudio académico, una fuente de ingreso, un negocio o una empresa. Cuando vivimos en orgullo y nos damos el crédito a nosotros mismos, perdemos la capacidad de ver todo lo que Dios ha hecho por nosotros y, de esta manera, no le honramos. Escuché a gente decir que Dios no existe, porque todo lo que ha logrado en la vida ha sido por el trabajo de sus manos; pero quien creó esas manos para trabajar, dio fuerza y aliento de vida cada mañana para levantarse ha sido Dios.

La abundancia se trata de que, una vez que estás dentro de la riqueza y del éxito de Dios, tienes la capacidad para compartir y dar a otros lo que Él te ha dado, porque en ti hay tanta abundancia que rebosa de tu cuerpo; hay tanto de Dios en ti que la única forma de tener más de Dios es dando a otros. Esas cosas pueden ser paz, sanidad, perdón, libertad, gozo, renuevo, verdad, tranquilidad, seguridad, confianza, amor, amistad, transformación, descanso, fuerza, vitalidad, vida, y muchas cosas más que Dios da a quienes le siguen de todo corazón.

Otro punto muy importante en cuanto a la abundancia es la posición de nuestro corazón, porque no debe estar inclinado a las bendiciones, sino hacia la fuente de las bendiciones. Dios nunca nos dará algo que nos aleje de Él.

«Me hice de esclavos y esclavas; y tuve criados, y mucho más ganado vacuno y lanar que todos los que me precedieron en Jerusalén. Amontoné oro y plata, y tesoros que fueron de reyes y provincias. Me hice de cantores y cantoras, y disfruté de los deleites de los hombres: ¡formé mi propio harén! Me engrandecí en gran manera, más que todos los que me precedieron en Jerusalén; además, la sabiduría permanecía conmigo. No le negué a mis ojos ningún deseo, ni a mi corazón privé de placer alguno, sino que disfrutó de todos mis afanes.

¡Solo eso saqué de tanto afanarme! Consideré luego todas mis obras y el trabajo que me había costado realizarlas, y vi que todo era absurdo, un correr tras el viento, y que ningún provecho se saca en esta vida». Eclesiastés 2:7-11.

Durante mis últimas semanas antes de graduarme en diseño y programación de sistemas, cuando estaba en Colombia, recibí una propuesta de trabajo muy prometedora para mi futuro. Era la oportunidad que todo joven esperaría: poder ser parte de una buena empresa, tener su propia oficina, además de un buen salario.

Tenía solo pocos días para tomar la decisión. Mis planes iniciales eran otros, porque había decidido terminar mis estudios y regresar a Cartagena para comenzar mi entrenamiento misionero. Siendo honesto, la propuesta de trabajo era tentadora, hacía que mi corazón y mi mente tuvieran una batalla. Hablé con algunos amigos, con mi mamá, me tomé tiempos a solas con Dios, y lo único que sentía era que tenía que mantenerme en el plan inicial, el cual era viajar a Cartagena tan pronto terminara mi estudio e iniciar mi entrenamiento misionero. Pero una parte de mí no lo quería, una parte de mí deseaba quedarse en ese lugar, tomar el trabajo, ganar dinero e iniciar una vida laboral.

La decisión que tomé es obvia. Este libro da testimonio de los resultados que tuvo esa decisión en mi vida. En algunos momentos pienso que, si hubiera tomado ese trabajo, quizás no tendría la relación que hoy tengo con Dios, no hubiera vivido todo lo que he vivido con Dios. así que no me arrepiento, fue, sin lugar a dudas, la mejor decisión.

Creo que el disponer nuestro corazón, dirigirnos hacia Jesús y no hacia sus bendiciones, nos da la oportunidad de entender que hay ciertas cosas que no podemos tener, porque son cosas que nos alejan de su presencia. Como seguidores de Jesús debemos ser consecuentes. Lo seguimos a Él, aún si las bendiciones no fueran parte de estar ahí.

Yo deseo abundancia en mi vida, abundancia de paz, de amor, de prosperidad y felicidad. Deseo abundancia en la manifestación del reino de Dios en el lugar donde estoy, alrededor de mis amigos y mi familia. Deseo que la presencia de Dios venga con mayor fuerza sobre Suiza, sobre las naciones. Sobre Colombia y todos aquellos que disponen su corazón. Deseo abundancia de milagros sucediendo en todas partes: en las calles, escuelas, universidades, hospitales.

Continúo haciendo mi labor, soy un seguidor de Jesús y quiero permanecer en el camino.

EL PRESENTE

Hace un par de años conocí a una mujer que estaba a punto de pensionarse, estaba viviendo una lucha en su corazón porque sentía que después de la pensión su vida no tendría sentido alguno, estaba tan enfocada en su trabajo y profesión que permitió que estas cosas la definieran como persona.

Durante sus años de trabajo no disfrutó los detalles y momentos lindos de la vida, no quería gastar dinero extra en actividades, viajes, regalos, entre muchas otras cosas, porque su meta era planear una vida confortable para su vejez. Vivía pensando en el futuro y por desgracia perdió un presente.

No seamos esclavos de una seguridad basada en estándares humanos. Seamos libres basados en la seguridad que Dios nos ofrece; eso es vivir en abundancia, pues la seguridad que recibimos de Dios es mucho mayor que la ofrecida por un sistema de gobierno, ahorros y pensiones. No estoy en contra del ahorro, no estoy en contra de planear una vida para la vejez, estoy en contra de desperdiciar un presente en el cual Dios quiere hacer cosas extraordinarias junto con nosotros y por causa de nuestra esclavitud a un futuro que no controlaremos hemos cerrado la oportunidad de experimentar la provisión de Dios de una forma sobrenatural en nuestras familias y en nuestras propias vidas.

Es tiempo de vivir, es tiempo de sanar el pasado, disfrutar el presente y descansar del futuro, pues sabemos que Él estará como lo ha estado hasta hoy con nosotros.

Hoy, yo no serviré al reloj, pero en vez de eso quiero servir y operar en el plan sin tiempo de Dios. Necesitamos estar conscientes de que no debemos vivir del pasado o solo soñar con el futuro, pero que es necesario vivir con claridad en el tiempo presente.

No debemos aferrarnos al pasado porque entonces nuestras vidas no podrán ver con claridad el hoy y no debemos habitar solo en el futuro porque no podremos ver qué es lo que Dios ha preparado para nosotros en el día de hoy. Por lo tanto, lo único que nos queda es vivir y disfrutar del presente. La vida abundante tiene este principio: disfrutar del presente y ocuparse de los afanes que cada día trae. Pues cada día es una oportunidad para ocuparnos de aquellos que nos rodean, tanto si son personas cercanas como si son personas que están de paso en nuestra vida. Cada día es una oportunidad para sacar todo aquello que no debe formar parte de ella porque nos dificulta avanzar hacia nuestra meta. Sea lo que sea: un trabajo excesivamente absorbente, una persona venenosa, un mal hábito, entre otras cosas. Cada uno debe valorar qué debemos sacar y hacerlo. Cada día es una oportunidad para disfrutar de las cosas sencillas, que tantas veces no apreciamos, simplemente, porque nos pasan desapercibidas. Cada día es una oportunidad de hacer felices a los demás, de ser felices nosotros y de vivir desde un profundo agradecimiento con Dios.

«Así que no os preocupéis diciendo: "¿Qué comeremos?" o "¿Qué beberemos?" o "¿Con qué nos vestiremos?". Los paganos andan tras todas estas cosas, pero el Padre Celestial sabe que necesitáis de todo esto. Más bien, buscad primeramente el reino de Dios y su justicia, y todas estas cosas os serán añadidas. Por lo tanto, no os angustiéis por el mañana, el cual tendrá sus propios afanes. Cada día tiene ya sus problemas». Mateo 6:31-34.

Cuando Jesús dijo estas palabras, quiso decir que no hay que angustiarse o preocuparse demasiado por los problemas del mañana. En vez de eso, es mejor enfrentarse a los problemas día a día.

Jesús no quiso decir que nunca debamos pensar en el mañana o hacer planes para el futuro.

«Los planes bien pensados: ¡pura ganancia! Los planes apresurados: ¡puro fracaso!». Proverbios 21:5.

La idea era ayudarnos a no angustiarnos o preocuparnos demasiado por lo que pudiera pasar. Esa ansiedad solo nos roba la alegría y no nos deja prestarle atención a lo que tenemos que hacer en ese momento. Preocuparnos por los problemas del mañana no los va a resolver. Además, muchas veces las cosas que nos preocupan ni siquiera pasan, y si pasan no son tan graves como habíamos imaginado. Estas palabras de Jesús forman parte del famoso Sermón de la Montaña, o Sermón del Monte. En ese sermón, Jesús explicó que preocuparnos demasiado ni nos hace más felices ni nos alarga la vida. También dijo que, cuando ponemos a Dios primero en nuestra vida, no tenemos que angustiarnos por lo que pase mañana. Dios cuida a los animales y a las plantas. ¿Cómo no va a cuidar de las personas que lo adoran?

Como compartí en páginas anteriores, durante los últimos años aquí en Suiza, he ido a las calles para orar por personas, he visto sanidades sucediendo, he visto cómo Jesús toca el corazón de la gente con tanto amor que ellos desean conocerle. Deseo que eso se multiplique, no solo conmigo, sino con todos aquellos que decimos ser hijos del Dios vivo. Deseo ver abundante libertad en las personas y rechazo todo perjuicio, chisme, criticas destructivas que han hecho tanto daño a la Iglesia, a las personas. Oro para que las personas puedan experimentar una vida plena en Jesús, sin temor, sin angustia, frustraciones, depresiones o soledad. Pero deseo también abundancia de pruebas y fuego, porque es allí donde aprendemos, maduramos y crecemos en nuestra fe para hacernos más fuertes y entendemos quién es Dios. Entender a Dios o por lo menos conocerle no se trata de estudiar un curso bíblico o hacer un estudio teológico. Claro, esto ayuda, pero, como dice mi mamá: «Mucha letra puede matar». Les explico: muchos quienes estudian la Biblia y son grandes teólogos se pierden en los detalles académicos y por desgracia olvidan el elemento espiritual. Olvidan que la Biblia es un libro que habla hoy día al corazón de las personas y tiene poder para darnos esta vida en abundancia.

Deseo abundancia de oraciones, donde muchos salen a las calles para orar por sus ciudades, por sus pueblos y familias. Oraciones que tocan el corazón de Dios, que tocan el corazón de la gente. Deseo abundancia de amor entre los mismos cristianos que hoy están divididos, adormecidos con discusiones, estructuras y formas humanas de cómo debe ser una Iglesia. Que despierte la Iglesia, que tome su lugar, que sea influyente y relevante para el tiempo de hoy. Que la abundancia de amor llegue a los más necesitados, pobres, marginados, perseguidos, y todo tipo de comunidad, al preso, al mentiroso, engañador y corrupto. Deseo abundancia de la presencia del Espíritu Santo para que llegue la salvación a cada persona en la tierra.

8

APRENDIENDO, SIMPLEMENTE, A DISFRUTAR

El verbo *disfrutar* significa «complacer, recrear o relajarse». Con la meta de experimentar sensaciones buenas en el alma, en el espíritu, y al mismo tipo trae beneficios al cuerpo. El disfrutar suele ser una de las metas del ser humano. Generalmente, *disfrutar* se asocia al ocio, aunque también se puede disfrutar en el trabajo, en la escuela, en proyectos o actividades deportivas, entre otras muchas cosas. Es el resultado o consecuencia de alguna actividad o actitud. En pocas palabras, *disfrutar* significa «ser feliz». La vida moderna se caracteriza por el ruido constante de anuncios y propuestas para estar a la moda, para ser parte del mundo. Algunos medios de comunicación están tratando de hacernos creer que, si nos negáramos a saltar al camino de las tendencias que ellos dicen, es decir, si no consumimos los que ellos declaran que es tendencia en aspectos como la música, las películas y el entretenimiento, entonces no es divertido. Nos dijeron que para disfrutar teníamos que viajar a esta ciudad, escuchar esta lista de reproducción o ver esta serie. Básicamente, son los medios de comunicación y la cultura moderna los que nos están llevando o nos dirigen en cómo disfrutar y cómo sentir placer. Son ellos los que nos dicen cómo lograrlo.

Sin embargo, debemos tomar dominio nuevamente sobre este asunto. Disfrutar sin dejarnos influenciar por todas esas tendencias modernas, sino aprender a disfrutar una vida espiritual en la cual nos conocemos a nosotros mismos y sabemos qué son las cosas que nos gustan y nos hacen bien. Aprender sobre cómo puedo ser feliz sin tanto ruido de los medios de comunicación.

Por otro lado, disfrutar una vida espiritual es algo que pocos hacen, pues las disciplinas espirituales se han convertido para algunos en rituales, rutinas sin sentido.

Algunos cristianos han crecido en una cultura familiar cristiana donde orar, reunirse en una iglesia o ser parte de una comunidad cristiana es, simplemente, parte de la rutina que han tenido durante años en sus familias. Todas las actividades alrededor de la fe se han convertido en rutinas, las cuales deben ser cumplidas porque sí y se ha olvidado lo más importante en todo este asunto: disfrutar. Disfrutar una oración, un tiempo de alabanza; disfrutar un momento de intimidad con Dios, disfrutar un tiempo de meditación, disfrutar mientras lees la Biblia, disfrutar mientras escuchas a Dios, disfrutar mientras cantas a Dios, disfrutar mientras compartes la fe a otras personas.

Para muchos, todo esto se ha convertido más en una cuestión de leyes y reglas. Eso crea un muro entre Dios y nosotros. Por lo tanto, no nos permite ver que también podemos sentir placer al encontrarnos con Dios. Si dejamos a un lado las leyes, las reglas, si dejamos a un lado la tradición, la cultura, si dejamos a un lado nuestras excusas y quejas, si dejamos a un lado lo que otros digan y piensen e intentamos ir directamente a donde Dios está, quizás podamos descubrir que en esa intimidad con Él hay un placer indescriptible que te hace sentir vivo. Un placer que nos llena, que nos anima y que incluso nos motiva no solo para seguir adelante en nuestras vidas, sino para ir por más, desear cada vez más de Dios. Cuando disfrutamos a Dios, entonces nace la sensación y el deseo profundo del espíritu, del alma y de nuestros pensamientos de conectarse siempre con Dios. ¿Has sentido este placer en tu vida?

Como ya lo mencioné también anteriormente, no busquemos a Dios solo para recibir algo de su mano; busquemos a Dios intensamente con la motivación pura de nuestro corazón para conocerlo y disfrutarlo a Él. De esta manera, vamos a sentir placer en nuestras vidas. Son muchos los cristianos que buscan una relación con Dios pensando en los beneficios que Dios puede traer a sus vidas, pero el beneficio mayor que un cristiano puede tener es sentir placer cuando se encuentra con Dios más allá de toda otra bendición que Él pueda darnos. Por otro lado, ir a Dios porque sabes que es un Dios bueno no es suficiente, se necesita un corazón enamorado.

El libro *Cantar de los Cantares* es un libro que habla precisamente de disfrutar al amado, de acercarse a Él. Simplemente, sentarse en su regazo. Disfrutar sus caricias, sus palabras, su viento rozando nuestro rostro, sentir sus brazos abrazándonos, acercándonos a su pecho, besándonos con besos de su boca. Este libro de la Biblia tiene un concepto de intimidad muy profundo que nos permitirá entender el placer de una vida íntima con Dios, nos ayudará a acercarnos al amado. Es una lástima que muchas personas ven este libro de la Biblia como una obra de teatro o poemas escritos por Salomón sobre el tema del amor. Algunas personas se aferran a la idea de que este libro de la Biblia no va más allá de la relación entre el hombre y la mujer.

Sin embargo, en la cultura y tradición judía, los maestros de la ley enseñan sobre la alegoría que hay entre el pueblo de Israel como la novia y Jehová como el novio. En la cultura cristiana moderna, la alegoría hace énfasis en la Iglesia de Cristo como la novia y Jesús como el novio. Cuando lees este libro con estas imágenes en mente, tienes la oportunidad de descubrir una relación de amor intensa, fuerte y profunda entre tú y Jesús. Leer este libro bajo estas alegorías te da la posibilidad de entrar a una dimensión distinta en tu relación con Dios. Allí descubres el placer de la intimidad. Es por medio de este libro que Dios me habló de verdadera entrega, amor y sacrificio. Fue por medio de este libro que yo encontré mi identidad y, por lo tanto, la libertad que disfruto hoy en día. Este libro de la Biblia me ha acompañado desde los inicios de mis aventuras con Dios y en mis procesos personales.

Este libro ha sido la inspiración para grandes ministerios que hoy en día se dedican a la oración y al evangelismo. Sin duda alguna, Cantar de los Cantares es un libro que Dios ha usado para transformar las vidas de las personas y para revelarse a sí mismo como el amor en persona. Por lo tanto, disfrutar del amor, sentir placer y locura al amar es parte de lo que un seguidor es y hace en su vida aquí en la tierra; un seguidor de Jesús sabe disfrutar a su amado. Lo más hermoso de todo es que Jesús desea disfrutarnos a nosotros. Él se alegra al vernos cada mañana despertar, Él siente placer al escuchar nuestras oraciones y alabanzas sinceras. Dios se deleita en los suyos y su corazón se alegra. Estos sentimientos son claves en una relación con Dios. Por mi parte, he decidido traer alegría, placer y gozo al corazón de Dios por la sencilla razón de que lo amo. Este es el motivo por el cual hago lo que hago con mi tiempo, con mi vida.

«Cautivaste mi corazón, hermana y novia mía, con una mirada de tus ojos; con una vuelta de tu collar cautivaste mi corazón. ¡Cuán delicioso es tu amor, hermana y novia mía! ¡Más agradable que el vino es tu amor, y más que toda especia la fragancia de tu perfume!». Cantares 4:9-10.

Jesús en Cantares, y según la alegoría, está completamente enamorado de la novia. Él está tan enamorado de ella que incluso dio su vida por ella. A Jesús le encantan los ojos de la novia, todo en ella lo deslumbra. Él está dispuesto a correr y saltar sobre las montañas como un venado para encontrarse con su novia. Jesús encuentra espectacularmente delicioso el amor que nosotros le brindamos y lo más interesante es que no podemos amar a Jesús sin entender cuánto Él nos ama a nosotros, es decir, amamos a Dios porque Él nos amó primero. Ahora nos queda solo disfrutar de su increíble y apasionado amor con la meta de sentir placer en Él. Al recibir tal amor y sentir todos los buenos sentimientos, estamos trayendo al mismo tiempo alegría al corazón de Dios. Este es para mí el secreto de la intimidad y la clave de disfrutar una vida espiritual.

SOÑAR

¿Cuál es tu aspiración? ¿Cuál era tu sueño cuando eras joven? ¿Qué creencias y esperanzas tienes? Sin sueños, sin visión, no hay futuro. Recordemos que José, el hijo de Jacob, tenía solo diecisiete años cuando Dios le dio un gran sueño que involucraba a aquellos que se rendirían ante él para que pudiera ver que el Señor lo estaba llamando a ser un gran líder. Es triste ver personas sin visión y sin sueños, porque sin visión la gente se desvía y desaparecen potencialidades, oportunidades y metas. Cuando no hay propósito ni visión, la gente se vuelve loca y vive en rebeldía. Viven lo que quieren, se pierden, hacen lo que quieren. Si la gente no puede ver lo que Dios está haciendo, tropezarán por sí mismos, pero, si prestan atención a lo que Él revela, serán bendecidos. La voluntad de Dios es bendecirte.

¿La vida te ha quitado los sueños? Tal vez pensabas que eran sueños de niños, pero debemos comprender que el enemigo siempre intentará robar nuestros sueños, como intentó con José.

Podemos ver tres verdades para los soñadores. Primero, tu sueño va a amenazar a los demás. Los hermanos odiaron a José. Las personas que están en contra de los soñadores se sienten amenazados porque los sueños ensanchan, empoderan y, cuando se trabaja, hay resultados. Los que no tienen visión se sienten amenazados por tus sueños.

En segundo lugar, los soñadores jamás dejan de soñar. José tenía sueños constantemente. Soñó que el trigo se rendía delante de él, luego la luna y las estrellas. Recuerdo que cuando tenía once años de edad una de las cosas que más hacía en las tardes en mi casa era tomar los libros de enciclopedias académicas, estos libros tenían muchos mapas y las banderas de todos los países del mundo. Recuerdo que jugaba con mi hermano y con estas páginas de los libros, la meta del juego consistía en tapar el nombre de la bandera y adivinar qué bandera le correspondía a qué país. Nos aprendíamos las capitales de los países del mundo y nos pasábamos buena parte de nuestra tarde mirando los mapas. Recuerdo que soñaba viajando a estos lugares, reconociendo las banderas que, quizás, estarían exhibidas en las plazas públicas de esos países; soñaba con la idea de estar ahí, de visitar las naciones. Parecía algo imposible y difícil de alcanzar, pero, de alguna u otra manera, Dios encontró el camino y me mostró la forma de vivir mis sueños y de disfrutar lo que hago en mi vida. Ahora que soy adulto sigue siendo mi sueño, sigue siendo algo que anhelo en mi vida, conocer naciones, conocer lugares, conocer gente, conocer culturas. Quiero seguir soñando, no quiero parar de soñar. Quiero darme la oportunidad de abrazar los sueños que Dios tiene para mí, porque sé que son sueños buenos. Quiero vivir por los sueños de Dios, porque Dios mismo lo merece; así que no quiero parar, quiero seguir caminando en esta vida con los pies en la tierra, pero con la visión en alto.

En tercer lugar, los soñadores entienden a otros soñadores. Cuando José estaba en la cárcel, interpretaba los sueños de quienes estaban allí. Eso lo llevó a interpretar los sueños de Faraón. Quiero rodearme de soñadores porque me inspiran, me hacen una persona mejor, esforzada. No te rodees de personas negativas, derrotadas que quieren aplastar tus sueños.

También podemos hablar de tres cosas para que tus sueños se transformen en tu destino. Lo primero es que se necesita la voluntad para vivir, persistencia para superar el rechazo y las amenazas. José tuvo que superar violencia, esclavitud, prisión y sequía, porque el enemigo odia el potencial que hay dentro del sueño de un creyente y buscará aplastarlo para que no amenaces los poderes del infierno. No permitas que la vida aplaste tus sueños con desánimo.

También se necesita la voluntad para ser exitoso. Dios no te dará un sueño mediocre o destinado a fracasar, te dará un sueño de éxito. Hay éxitos buenos y también malos, como cuando todo se trata de nosotros, pero el buen éxito es cuando se trata del reino de Dios y vivir por algo más grande que nosotros.

También se necesita la voluntad para servir. Cuando los hermanos de José lo querían matar, José estaba sirviendo en casa de su padre, luego en casa de Potifar, después en la cárcel, y, cuando fue levantado para liderar, sirvió como buen administrador y llevar prosperidad en tiempo de sequía. Si vivimos de forma comprometida, no disminuyen nuestras expectativas de éxito y de servicio, así marcamos la diferencia en nuestro mundo. La Biblia no dice que Dios hace menos, que reduce, sino que hace mucho más allá de tus sueños. No subestimes al Espíritu Santo, ya que la visión y los sueños son el lenguaje que Él entiende. Nos mostrará las cosas que están por venir. El Espíritu Santo es tu mejor amigo respecto a tu futuro. Los jóvenes tendrán visiones, los ancianos tendrán sueños.

La verdad y voluntad de Dios es que los padres tengan sueños respecto a sus hijos, de lo contrario, perderán la visión. Debemos comprometernos con la próxima generación y seguir soñando para inspirarlos con una buena visión. ¡Que tus hijos tengan una visión que continuar porque se la has heredado!

El Espíritu nos guiará a la verdad y nos mostrará lo que está por venir. Si confías, el Espíritu no te guiará a una decepción, sino a la verdad. Recibiremos poder para ser testigos hasta los confines de la tierra. Jesús les dijo a los discípulos que no se fueran antes de recibir al Espíritu Santo, porque recibirían poder para alcanzar al mundo entero. ¡Su visión era más grande que la de ellos!

El Espíritu Santo nos ayuda a conseguir el propósito de Dios y lo necesitamos, porque ser un soñador nos puede llevar a una vida de soledad. Si tu sueño hace sentir amenazados a otros, será una lucha encontrar quien te entienda, acompañe y ayude. Ves las cosas con otros ojos, por eso tenemos al Espíritu Santo para que nos ayude, reconforte y traiga consolación a nuestro corazón. Cuando se trata de cumplir el propósito de Dios en tu vida, el Espíritu Santo habita en ti, intercede por ti y es tu fortaleza. ¡No estás solo en el proceso de cumplir tu sueño! Él traerá convicción para que no te distraigas y caigas en tentación, porque será inevitable que el enemigo busque tirarte, pero te levantarás una y otra vez. No vivas por conveniencia, relajado. Si aceptas tus retos, te darás cuenta de la fidelidad de Dios, ya que tu sueño será una realidad. Continúa sintiéndote incómodo con lo que has logrado, porque hay mucho por hacer. Nunca terminarás en segundo lugar si pones a Dios en primer lugar. El Espíritu Santo nos empodera para cumplir nuestros sueños, descubre tus talentos, te abre puertas y te da recursos. El Señor te dará un sueño y posibilidades para lograrlo.

El Espíritu Santo mantiene nuestro sueño relevante para que todos conozcan las maravillas de Dios. Muchos tienen la voluntad para vivir, pero no para ser soñadores, porque serlo tiene un precio. Muchas veces, vemos personas que van más allá y queremos eso, pero debemos hacer los sacrificios que ellos hicieron. ¡Qué maravilloso tener la oportunidad de predicar al mundo! Pero eso ha implicado un camino de fe y de trabajo duro, días difíciles, desafiantes, enfrentar momentos en los que solo queda clamar al Señor por su fidelidad. Que el enemigo no te desanime, no te distraiga, el Espíritu Santo quiere respirar nueva vida sobre tus sueños. ¡No subestimes lo que Dios puede hacer, sigue soñando, sigue creyendo, rodéate de soñadores, esfuérzate y verás lo Dios puede hacer! Simplemente, disfruta soñar.

HASTA LA PRÓXIMA

La experiencia que yo he vivido durante estos años con Dios es mía, es mi historia con Él, y deseo vivir aún más historias y aventuras como estas. Pero también quiero animarte para que vivas tu propia historia con Jesús. No importa el tiempo en el que te encuentres ni la edad que tengas o tus circunstancias. Hoy y ahora es un buen momento para tomar una decisión: levántate y camina hacia el destino que Dios tiene para ti.

Un comienzo sin final, así puedo describir la vida en Cristo Jesús. Ha sido un recorrido, una aventura, un proceso y un crecimiento personal desde el momento que tomé la decisión de seguirlo. Creo que nunca dejaré de conocer a Dios, pues Él es eterno y la misma eternidad no alcanzará para descubrir todo sobre Jesús, el corazón del Padre y los misterios del Espíritu Santo. Sin embargo, esa idea me cautiva y me deslumbra. Tendré toda la eternidad para compartir con Él, y disfrutar de una nueva tierra llena de bendiciones y paz duradera. Por supuesto que habrá un final, y será el final para la maldad, la guerra, la enfermedad, la corrupción, la mentira, y muchas cosas más que hoy en día destruyen nuestra sociedad y nuestra identidad como hombres y mujeres creados a la semejanza de Dios. Pero nunca habrá un final para la paz y armonía que vendrán después de los tiempos finales, cuando regrese una vez más por los suyos. Mientras esperamos, permitamos que el espíritu de Dios escriba nuevas historias usando nuestras vidas.

www.ingramcontent.com/pod-product-compliance
Lightning Source LLC
LaVergne TN
LVHW010104170826

845678LV00012B/2244

* 9 7 8 8 4 1 9 4 7 0 1 7 1 *